Marianne Possmann • Hans-Ulrich Kreß

Zeitreise am
Niederrhein

Wartberg Verlag

Dank

Für die nicht zu unterschätzende Unterstützung bei der Recherche bedankt sich die Autorin bei den Mitarbeiterinnen und Mitarbeitern der Zentralbibliothek Moers.

Impressum

Fotonachweis:
Alle Fotos stammen von Hans-Ulrich Kreß, außer: Prospekt „Rheinmuseum Emmerich" S. 47 (rechts); Lesezeichen Seidenweber aus der Sammlung Gabriele Esser S. 49 (rechts); Underberg-Werbezettel aus der Sammlung Heinz Bednarski S. 51 (rechts); Notgeldschein Goch aus der Sammlung Marianne Possmann S. 65 (rechts); Privatarchiv Hotel van Bebber, Xanten S. 62/63; Manfred Vollmer S. 69 (rechts).

1. Auflage 2003
Alle Rechte vorbehalten, auch die des auszugsweisen Nachdrucks
und der fotomechanischen Wiedergabe.
Druck: Bernecker, Melsungen
Buchbinderische Verarbeitung: Büge, Celle
© Wartberg Verlag GmbH & Co. KG
34281 Gudensberg-Gleichen, Im Wiesental 1
Tel.: 0 56 03/9 30 50 • www.wartberg-verlag.de
ISBN 3-8313-1286-9

Inhaltsverzeichnis

Inhaltsverzeichnis

Dieses Buch will zweierlei: Sie über Stationen der Geschichte am Niederrhein informieren und zu spannenden Ausflügen zu historischen Orten motivieren. Diese beiden Bestandteile stecken in dem Titel „Zeitreise am Niederrhein". Geschichtsbücher sind oftmals etwas mühsam zu lesen, zumal, wenn unterschiedliche Ereignisse ineinander greifen. Gerade die Geschichte des Niederrheins hat ausgesprochen viele Seiten. Der Redakteur eines Fernsehbeitrags über den Niederrhein nannte die Gegend einmal „Durchzugsland". Dabei dachte er nicht nur an die zahllosen Zugvögel aus dem Norden Europas, die sich in jedem Jahr auf den Auen und an den Gewässern dieser Landschaft niederlassen. Er hatte vor allem die unterschiedlichen Invasoren im Auge, die sich im Laufe der Geschichte mal kürzer und mal länger hier aufgehalten und das Bild des Niederrheins entscheidend geprägt haben. Die Kapitel dieses Buches geben beispielhaft die Geschichte der unterschiedlichen „Durchzüge" wieder. Ebenso beispielhaft werden aber auch die aus der Landschaft Niederrhein entstandenen geschichtlichen Entwicklungen dargestellt. So wird zum Beispiel aufgezeigt, wie der Rheinstrom als Verkehrs- und Lebensader für die Landschaft, ihre Bewohner und die Wirtschaft prägend geworden ist.

Die Geschichte ist nicht (nur) graue Theorie. Sie wird von Menschen gemacht und passiert an bestimmten Orten und in bestimmten Gegenden. Die „Zeitreise" durch die Geschichte des Niederrheins führt Sie in interessante Museen und natürlich zu den noch bestehenden originalen „Zeugnissen" wie Burgen, Kirchen oder Denkmälern.

Zuweilen steht auch einfach nur der Mensch, der einen bestimmten Teil der niederrheinischen Geschichte geprägt hat, im Mittelpunkt eines Kapitels, denn Geschichte ist nicht nur die der „großen Namen" und berühmter Schlachten. Was haben die kleinen Leute oder einfachen Bürger getan und bewirkt? Auch sie haben Geschichte gemacht und geprägt.

Die Auswahl der in diesem Band vorgestellten Orte ist zwar subjektiv, aber nicht beliebig. Sie spielten alle eine Rolle in der Geschichte unserer Region. Sicherlich hätten noch weitere Dörfer, Städte, Menschen und Ereignisse behandelt werden können. Hier galt es abzuwägen, historische und aktuelle Grenzen zu berücksichtigen und nicht zuletzt auch darauf zu achten, dass aus dem Buch nicht ein „Wälzer" wird. Der würde sich weder zum Reisegepäck eignen noch so richtig Lust auf die Geschichte des Niederrheins machen. Genau das ist nämlich das Ziel dieses Buches: Es soll ein Einstieg in die vielseitige Geschichte unserer Region sein und von Beginn an praktisch umgesetzt werden können.

Vom Auftreten der ersten Menschen bis in unsere Gegenwart spannt sich der Bogen unserer „Zeitreise". Es ist eine bewegte Geschichte, die wir da vor Augen haben. Verschiedene Kulturen treffen aufeinander, wirtschaftliche Umstrukturierungen und politische Veränderungen bringen ständig sich ändernde Gegebenheiten mit sich. Die Geschichte des Niederrheins steht oftmals in enger Beziehung zu den großen „welthistorischen" Strömungen. Politische und landschaftliche Grenzen verschieben sich ständig. So gehört die rechtsrheinische Stadt Duisburg ganz sicher zum Niederrhein, auf Grund ihrer wirtschaftlichen Entwicklung aber auch zum Ruhrgebiet. Den Neandertaler, der bei Mettmann im Düsseltal gelebt hat, könnte man auch in einem Buch über das Bergische Land wieder finden. Auf der anderen Seite hat das Herzogtum Jülich-Kleve-Berg seine geschichtliche Heimat am Niederrhein. Der Niederrhein der Römer und fränkischen Kaiser ging wiederum bis zum niederländischen Nimwegen. Und diese Stadt bleibt wegen der aktuellen politischen Grenzen ausgespart.

Das vorliegende Buch macht Ihnen hoffentlich Appetit auf die Geschichte unserer Region, die beileibe keine trockene Angelegenheit ist.

Viel Spaß bei Ihrer „Zeitreise" wünscht Ihnen Marianne Possmann!

Daten zur Geschichte

Vor 4,4 – 1 Million Jahren:
Vormensch: Australopithecus in Afrika

Vor 2,5 – 1,5 Millionen Jahren:
Frühmensch: Homo Habilis in Afrika

Vor 2 Millionen – 30 000 Jahren:
Urmensch: Homo Erectus erst in Afrika, später
auch in Asien und Europa

Vor 250 000 Jahren – 28 000 v. Chr.:
Neandertaler: Homo Sapiens Neanderthalensis
in weiten Teilen Europas und Vorderasiens

Vor 150 000 – 100 000 Jahren:
Entwicklung des Homo Sapiens Sapiens

Der Ötzi vom Düsseltal oder Wie das Neandertal zu seinem Namen kam

In der wechselvollen Geschichte des Niederrheins haben sich die politischen Grenzen immer wieder verschoben. So entstehen heute schnell Streitigkeiten bei der Frage um die Zugehörigkeit des einen oder anderen Ortes. Auch um die landschaftliche Zuordnung eines der spannendsten Museen unserer Region sind sich die Gelehrten nicht einig: In Mettmann, gewissermaßen an der Schwelle vom Niederrhein zum Bergischen Land, wurde 140 Jahre nach einem Aufsehen erregenden Fund das Neanderthal-Museum errichtet. In diesem Museum finden die Besucher ausführliche und meisterhaft anschauliche Informationen über den Homo Sapiens Neanderthalensis, den wir als unseren Vorfahren bezeichnen müssten, gäbe es da nicht noch den Homo Sapiens Sapiens. Aber bevor das Museum in Mettmann entstehen konnte, gab es, nur einen Fußweg von gut fünf Minuten entfernt, einen ganz besonderen Vorfall ...

Als Wilhelm Beckershoff, Mitbesitzer des Steinbruchs an der Feldhofer Grotte im Düsseltal, an einem Augusttag im Jahr 1856 einen Blick auf den Lehmschutt warf, den seine Arbeiter beiseite geschafft hatten, staunte er nicht schlecht: Zwischen den Lehmbrocken lagen Knochen! Er ließ sie in einer Holzkiste beiseite schaffen und verständigte seinen Kompagnon Friedrich Wilhelm Pieper. Die Arbeiter, die auf diese Knochen gestoßen waren, hatten sie nicht für bedeutend gehalten und sie zum Abfall geworfen. Beckershoff und Pieper jedoch vermuteten Bärenknochen hinter diesem Fund und beschlossen daher, den bekannten Lehrer und Naturforscher Johann Carl Fuhlrott aus Elberfeld zu Rate zu ziehen. Fuhlrott hatte sich über seine Tätigkeit hinaus einen Namen als Fossilienforscher gemacht. Als er gegen Ende August dann zu einem Besuch ins Neandertal kam, zeigte sich, dass die beiden Steinbruchbesitzer eine goldene Nase gehabt hatten.

Schädelkalotte und Knochen des Neandertalers in einer Vitrine des Fuhlrott-Museums in Wuppertal

Doch werfen wir zunächst noch einen Blick zurück ins 17. Jahrhundert. Der Rektor der Düsseldorfer Lateinschule und Kirchenlieddichter Joachim Neander zog sich gerne in die Einsamkeit zurück, um Inspirationen für seine Liedtexte zu bekommen. Die wildromantische Schlucht im Düsseltal, deren Steingebilde damals noch die Namen „Gesteins" oder „Hundsklipp" trugen, zog ihn dabei besonders an. Im 19. Jahrhundert teilten zahlreiche Maler seine Begeisterung, darunter Mitglieder der Düsseldorfer Malerschule wie Barend Cornelis Koekoek, Eduard Rocholl und Johann Wilhelm Schirmer. Sie veranstalteten dort eine ganze Reihe von Künstlerfesten. Mitte des 19. Jahrhunderts kam Joachim Neander zu einer späten Ehrung: Das Tal erhielt seinen Namen – nach der damaligen Rechtschreibung „Neanderthal".

Joachim Neander hatte sich sicher niemals träumen lassen, dass 176 Jahre nach seinem Tod einer der berühmtesten Funde im Boden seiner Heimat seinen Namen tragen würde. Denn Johann Carl Fuhlrott, der Fossilienforscher aus Elber-

Vor dem Neanderthal-Museum in Mettmann

Information

Verkehrsverein Mettmann und Neanderthal e.V., Adlerstr. 13, 40822 Mettmann, Telefon: 02104/983747, Fax: 02104/983749

Touristische Tipps

Neanderthal-Museum, Talstr. 300, 40822 Mettmann, Telefon: 02104/979787 (Reservierung von Führungen unter 02104/979715), Fax: 02104/979796, E-Mail: neanderthal-museum@t-online.de, Öffnungszeiten: dienstags bis sonntags 10.00 bis 18.00 Uhr

Neandertalerskulptur am Ufer der Düssel – im Hintergrund das Neanderthal-Museum

feld, hatte inzwischen herausgefunden, dass auf dem Steinbruch im Neandertal menschliche Knochen ans Tageslicht geschaufelt worden waren. Die Knochen, die 1856 aus den Lehmschichten befreit wurden, werden heute im Rheinischen Landesmuseum in Bonn aufbewahrt. Denn damals gab es noch kein Neanderthal-Museum in Mettmann.

1997 und im Jahr 2000 haben die beiden Urgeschichtler Ralf Schmitz und Jürgen Thissen noch einmal gegraben. Dabei haben sie einen markstückgroßen Knochensplitter gefunden, der genau zu dem linken Knie passte, das 1856 ausgegraben wurde. Die Hartnäckigkeit der beiden Archäologen wurde im Jahr 2000 dann noch einmal belohnt: Sie fanden ein Stück aus der Augenhöhle mit dem dazugehörigen Jochbein. Diese jüngsten Fundstücke werden natürlich im Neanderthal-Museum ausgestellt. Doch das Museum ist weit mehr als ein Ausstellungsgebäude. Sein spiralförmiger Museumsweg führt durch die spannende Entwicklung der Neandertaler und zeigt die verblüffenden Ähnlichkeiten zu unserem Vorfahren auf, dem Homo Sapiens Sapiens. Und da das Wissen über das, was sich an ersten Menschen und menschenähnlichen Wesen bei uns am Rhein getummelt hat, einfach an den Anfang einer Zeitreise gehört, beginnt dieses Buch mit den Neandertalern, die in der Nähe des Rheins lebten, etwa 30 000 Jahre bevor die Römer entlang des größten Flusses Germaniens ihr riesiges Reich noch weiter ausdehnten.

Anfahrt

Mit dem Auto: A 3 Abfahrt Nr. 18 Mettmann, in Richtung Mettmann abbiegen, bis Mettmann Zentrum fahren und dann der Ausschilderung „Neanderthal-Museum" folgen

Mit öffentlichen Verkehrsmitteln: ab Düsseldorf Hbf S-Bahn 28 in Richtung Mettmann-Stadtwald bis zur Haltestelle Neandertal, etwa 10 Minuten Fußweg bis zum Museum

Marcus Ulpius Traianus und der Knabe von Lüttingen

Der Xantener Schriftsteller Werner Böcking hat sich in seinen Arbeiten ausführlich mit der Geschichte seines niederrheinischen Wohnortes beschäftigt. So berichtet er uns von dem ganz erstaunlichen „Fang", der in der Nähe des Ufergeländes, damals „die Pönt" genannt, gemacht wurde. Die Bislicher Fischer Heinrich Prast und Wilhelm Giesen sowie ihre Lüttinger Kollegen Johann Futz, Hermann Roesen, Peter Terhorst und Hannes van Holt waren am 16. Februar 1858 gerade dabei, ihre Netze zu reinigen, als sie den Armstumpf einer Figur entdeckten, der aus dem Uferschlamm des Rheins herausragte. Sie legten eine Bronzefigur frei, die einen römischen Knaben darstellte, dessen Kopf mit Weinlaub umkränzt war. Ein zwölf Tage später herbeigerufener Regierungsrat aus Düssel-

dorf gab der 1,54 Meter großen Figur den Namen „Lüttinger Knabe". Fachleute vermuten, dass diese Figur entweder aus dem Lager Vetera bei Xanten oder aus der ehemaligen Colonia Ulpia Traiana stammte, der römischen Niederlassung am Niederrhein, die von Kaiser Trajan die Stadtrechte erhielt.

Der Lüttinger Knabe

Als Trajan im Jahr 98 n. Chr. die Herrschaft über das Römische Weltreich erlangte, begann er auch mit dem, was viele Herrschende der damaligen und heutigen Welt taten und tun, um die Erinnerung an sich zu erhalten: Er baute, was die Steinbrüche des Reiches hergaben. Das Forum Traianum und der Markt in Rom zeugen noch heute davon. Kaiser Konstantin bezeichnete Trajan wegen seiner üppigen Bautätigkeit als „Kletterpflanze an Steinmauern". Kein Wunder, dass die ausufernde Bautätigkeit auch ihren Niederschlag in den Provinzen des Reiches fand. Im Januar 89 n. Chr. kam er als Befehlshaber der siebten Legion Genia zum ersten Mal an den Rhein. 96 n. Chr. wurde Trajan von Kaiser Nerva zum Statthalter von Obergermanien ernannt. Neben der Hauptstadt Colonia Claudia Ara Agrippinensium (Köln) ent-

Die großen Thermen in Xanten

Archäologischer Park Xanten – im Hintergrund der Hafentempel

stand weiter nördlich nahe des Militärlagers Vetera II, und ebenfalls strategisch günstig am Rhein gelegen, eine Siedlung. Trajan verlieh dieser Siedlung den Titel Colonia – und natürlich auch seinen Namen. Seine Untertanen hatten zwei Ziele: Sie wollten sich dieser Ehre würdig erweisen – nur 150 Orte besaßen dieses besondere Stadtrecht – und sie wollten sich so fernab der Heimat möglichst ein zweites Rom schaffen.

Wer heute durch den Archäologischen Park Xanten geht und die nahe gelegenen Thermen besichtigt, kann leicht nachvollziehen, welche eindrucksvollen Bauwerke dabei entstanden sind. Versetzen wir uns einmal in einen Besucher der damaligen römischen Colonia: Wir nähern uns der Stadt von Süden und lassen uns zunächst einmal von der großen Stadtmauer beeindrucken, welche die Stadt umgibt. Mit der Verleihung des Titels Colonia war nämlich auch das Recht verbunden, eine Mauer um die Siedlung zu errichten. Die Mauer ist wie die meisten Bauwerke des Archäologischen Parks Xanten eine Rekonstruktion. Anfang der Fünfzigerjahre des vergangenen Jahrhunderts waren die übrig gebliebenen Fundamente der ehemals stattlichen Colonia in der Provinz Niedergermanien unter der Erde verborgen. Lediglich die Fundamente des ehemaligen Amphitheaters ragten noch aus dem Boden hervor. Die in der zweiten Hälfte des 20. Jahrhunderts erfolgten Ausgrabungen, deren wissenschaftlichen Erforschungen sowie die danach entstandenen Rekonstruktionsbauten machen den Park für die Besucher von heute zu einem einmaligen Geschichtserlebnis. Die Reise durch die römische Geschichte Xantens sollte allerdings am besten im Regionalmuseum direkt neben dem Xantener Dom beginnen. Die Originalfunde von den römischen Ausgrabungsstätten werden hier ausgestellt. Dazu gehören Dinge aus dem Alltagsleben wie Möbelreste, Tischgeschirr und Schmuck ebenso wie Geräte der Handwerker und Ausrüstungsgegenstände der römischen Armee. Ferner findet der Besucher hier Informationen zur Geschichte vor und nach der Römerzeit am Niederrhein. Nach dieser geschichtlichen Einstimmung macht der Besuch des Archäologischen Parks sowie die Besichtigung der großen Thermenanlage richtig Sinn. Es ist schon eindrucksvoll, wie behaglich sich die Römer das Leben in den von Rom weit entfernten Gebieten ihres Reiches machten. Der Glanz und die Macht des Römischen Reiches strahlte bis zum Niederrhein, bevor dann Alemannen und Franken die Römer wieder vertrieben.

Information

Touristinformation Xanten, Kurfürstenstr. 9, 46509 Xanten, Telefon: 02801/9830-0

Touristische Tipps

Archäologischer Park Xanten, Trajanstr. 4, 46509 Xanten, Telefon: 02801/2999, E-Mail: apx@lvr.de, Öffnungszeiten: 1. März bis 30. November täglich 9.00 bis 18.00 Uhr; 1. Dezember bis 29. Februar täglich 10.00 bis 16.00 Uhr

Große Thermen, Siegfriedstraße, 46509 Xanten, Telefon: 02801/706918, Öffnungszeiten siehe Archäologischer Park

Regionalmuseum Xanten, (Kapitel 18, am Dom), 46509 Xanten, Telefon: 02801/7194-0, Öffnungszeiten: dienstags bis freitags 10.00 bis 17.00 Uhr, samstags und sonntags 11.00 bis 18.00 Uhr

Vergleichbares in der Region

Römische Funde und Ausgrabungen sind u. a. auch zu sehen im **Krefelder Landschaftsmuseum des Niederrheins** (siehe Seite 13) und im **Neusser Clemens-Sels-Museum** (siehe Seite 11).

Archäologischer Park Xanten – Stadtmauer

Anfahrt

Mit dem Auto: A 57 bis zur Abfahrt Nr. 6 Alpen, dann den Wegweisern Richtung Xanten folgen

Mit öffentlichen Verkehrsmitteln: Duisburg Hbf in Richtung Xanten. Der Weg zum Archäologischen Park, zum Regionalmuseum und zu den Thermen ist in Xanten ausgeschildert.

Kybele – die Magna Mater am Niederrhein?

In Neuss-Gnadenthal, direkt an der Bundesstraße 9, findet der Besucher Schilder, die ihn darauf hinweisen, dass er das Gebiet des römischen Militärlagers Novaesium betritt. Novaesium war neben Durnomagus (Dormagen), Asciburgium (Moers-Asberg) und Burginatium (Kalkar) eines der wichtigen Hilfslager der Römer in der Provinz Niedergermanien. Das Lager wurde unter der Regentschaft von Kaiser Augustus etwa 16 v. Chr. in Holz-Erde-Bauweise angelegt. Kaiser Claudius baute das am Rhein strategisch günstig gelegene Novaesium als Steinkastell weiter aus, u. a. mit so genannten Benifiziarierstationen. Das Lager, das die Römer etwa um 43 n. Chr. errichteten, trägt heute den Namen des Mannes, der ab 1888 mit den Ausgrabungen begann: Constantin Koenen. An der Bundesstraße 9 findet sich eine Hinweistafel, welche die Ausdehnung des ehemaligen Militärlagers aufzeigt. Die 16. römische Legion war hier auf fast 300 000 Quadratmetern stationiert und beherbergte 11 000 Mann und 2500 Pferde. Ein historischer Rundgang führt an Abgüssen der archäologischen Funde (Originale im Clemens-Sels-Museum und im Rheinischen Landesmuseum in Bonn) vorbei.

Historischer Rundgang im Novaesium

Rom rekrutierte seine Söldner aus allen Gebieten seines riesigen Reiches. So könnte es wohl auch dazu gekommen sein, dass möglicherweise eine vorderasiatische Gottheit den Weg nach Niedergermanien fand. 1956 stieß man bei Grabungen am ebenfalls im Ortsteil Gnadenthal gelegenen Gepaplatz auf einen römischen Kultkeller. Harald von Petrikovits, der zu der Zeit Direktor des Rheinischen Landesmuseums in Bonn war und mit seinem Team die Ausgrabungen leitete, hielt die spektakuläre Entdeckung für eine Kultstätte der vorderasiatischen Muttergöttin Kybele. Das Mauerwerk der Kultstätte ließ die Archäologen vermuten, dass es sich hier um ein Bauwerk der Spätantike handeln könnte. Die Steine waren unregelmäßig gesetzt, so als ob die Erbauer wenig Zeit für die Auswahl und Verarbeitung des Baumaterials gehabt hätten. Die von den Römern im 2. und 3. Jahrhundert geschaffenen Mauern wirkten im Vergleich dazu viel geordneter und gediegener. Im 4. Jahrhundert gab es in zunehmendem Maße wieder Frankeneinfälle am Niederrhein. Da hatten die Römer andere Sorgen und wenige Mittel, die sie in ihre Bauwerke stecken konnten. Bei den Ausgrabungen stießen die Archäologen auch auf 42 Münzen, von denen auf einigen die Bilder der Kaiser Constantin I. (313 bis 315 n. Chr) und Constans (341 bis 346 n. Chr) zu sehen sind. Das unterstrich die Vermutungen, dass es sich bei dem Keller um ein Bauwerk des 4. Jahrhunderts n. Chr. handeln musste. Wem aber war er geweiht? Ein italienischer Archäologe hatte – möglicherweise unterstützt durch einen aufschlussreichen Text des Dichters Prudentius – einige Jahre vor den Ausgrabungen in Neuss die Vermutung aufgestellt, dass die im Kybele-Kult üblichen Bluttaufen über einer Erdgrube vollzogen wurden. Bei diesen Taufen schlachtete man den Opferstier über dem in der fossa sanguinis (Blutgrube) stehenden Täufling. Auch weitere bis heute zusammengetragene Erkenntnisse lassen die Vermutung zu, dass sich Harald von Petrikovits damals geirrt hat, als er glaubte, einen Kybele-Kultkeller gefunden zu haben. In der Nähe des Kultkellers wurden zwei Tonfiguren gefunden, von denen von Petrikovits annahm, dass es sich um Darstellungen der Kybele handelte. Mittlerweile werden die beiden Frauenfiguren eher als einheimische Muttergöttinnen gedeutet – in Neuss verehrte

Der Kybele-Kultkeller in Neuss-Gnadenthal

Information

Neusser Tagungs- und Tourismus GmbH,
Oberstr. 7-9, 41460 Neuss, Telefon:
02131/908300, Internet: www.neuss.de

Touristische Tipps

Clemens-Sels-Museum, Am Obertor, 41460
Neuss, Telefon: 02131/90-4141,
Internet: www.clemens-sels-museum.de,
Öffnungszeiten: täglich außer montags von
11.00 bis 17.00 Uhr, sonn- und feiertags von
11.00 bis 18.00 Uhr

Den Schlüssel für den **Kybele-Kultkeller** erhalten Sie bei Familie Heischkamp, Gepaplatz 3,
Neuss-Gnadenthal, Öffnungszeiten: täglich von
10.00 bis 18.00 Uhr

Vergleichbares in der Region

Archäologischer Park Xanten (siehe Seite 9)

Funde des römischen Gräberfeldes in Krefeld-
Gellep im **Krefelder Landschaftsmuseum des
Niederrheins** (siehe Seite 13)

man die Muttergöttin Sunuxal. Die ebenfalls gefundene Figur eines liegenden
Stiers, die man als Opferstier des Kybele-Kultes deutete, hat eine Parallele bei
Ausgrabungen in Köln bekommen: Der dort entdeckte ähnliche Opferstier trägt
den Namen der Göttin Isiris.

Auch wenn heute immer noch unsicher ist, welchem Zweck der in Gnadenthal
ausgegrabene Keller diente, bleibt er ein einmaliger Fundort diesseits der Alpen.
Ein Kultkeller ist er mit an Sicherheit grenzender Wahrscheinlichkeit tatsächlich
gewesen.

Die originalen Fundstücke aus dem Kultkeller und seiner Umgebung sind im
Neusser Clemens-Sels-Museum zu sehen. Das Museum bietet neben geführten
Besichtigungen vor allem auch für die jüngeren Museumsbesucher zahlreiche andere interessante Aktivitäten an. In Anlehnung an den Asterix-Titel „Die spinnen,
die Römer" gibt es eine kindgemäße Einführung in die römische Geschichte der
Stadt Neuss, bei der man sich auch als Römer verkleiden kann. Sogar ihren Kindergeburtstag können die kleinen Besucher im Museum feiern, und als Geburtstagskind hat man selbstverständlich freien Eintritt!

Anfahrt

Mit dem Auto: A 57 bis zur Abfahrt Nr. 23
Neuss-Norf, über die Norfer Straße in Richtung
Grimlinghausen und dann über die Bonner und
Kölner Straße bis Neuss-Gnadenthal

11

Arpvar – der Mann mit dem Goldhelm

Südöstlich vom Stadtzentrum Krefelds, im Ortsteil Linn, erhebt sich die Burg gleichen Namens. Ort und Burg sind von einer Mauer umgeben und zeigen sich auch heute noch in dem Bild, das schon die Menschen des Mittelalters vor Augen hatten. Die Burg war zwar in den ersten Jahren des 18. Jahrhunderts Brandopfer des Spanischen Erbfolgekrieges, wurde aber nach dem Zweiten Weltkrieg wieder so behutsam restauriert, dass sie ihre mittelalterliche Gestalt wieder erhielt. Sehr viel unscheinbarer erscheint das direkt in der Nachbarschaft der Burg stehende „Landschaftsmuseum des Niederrheins" zu sein. Es beherbergt jedoch einen der spektakulärsten Ausgrabungsfunde des Niederrheins, der es als „Archäologisches Kulturgut" sogar den Motivsuchern der Deutschen Bundespost im Jahre 1977 wert schien, auf einer Briefmarke verewigt zu werden ...

In die Regierungszeit des römischen Kaisers Tiberius fällt die Gründung des Hilfslagers Gelduba im benachbarten Krefeld-Gellep. In diesem bedeutenden Feldlager am Rhein fanden bis zu 8000 Legionäre und auch weitere Hilfstruppen Platz. Später übernahmen die Franken diesen strategisch wichtigen Standort. Anders, wie zum Beispiel teilweise in Xanten, wurde dieses Gelände in der Folge-

Burg Linn mit Jagdschloss

zeit niemals mit einer Stadt überbaut. Hier gab es nur Ackerland, das sich wegen des sandigen Bodens besonders für Spargelanbau eignete. Albert Steeger, unter dessen Antrieb ein erstes Heimatmuseum in Krefeld noch vor dem Zweiten Weltkrieg entstand, ist es zu verdanken, dass im Gebiet rund um das Dorf Gellep planmäßige Grabungen erfolgten. Bis zu seinem Tode wurden über tausend Gräber freigelegt. Nach der Zerstörung des Heimatmuseums im Zweiten Weltkrieg wanderten die glücklicherweise erhalten gebliebenen Exponate in einen Hochbunker, der auf Betreiben von Albert Steeger als zukünftiges Museum in der Nähe der Burg Linn und dem dazugehörenden Jagdschloss errichtet worden war.

Steegers Ausgrabungen hatten bewiesen, dass die Gräberfelder in Gellep ohne eine zeitliche Unterbrechung von Römern wie auch den von auf sie folgenden Franken „genutzt" worden waren. Den spektakulärsten Fund auf diesem im Rheinland nahezu einmaligen Gräberfeld erlebte der verdienstvolle Albert Steeger leider nicht mehr. Vier Jahre nach seinem Tod, im Herbst des Jahres 1962, wurde das Grab entdeckt, das in der Gräberfeldnummerierung mit der Zahl „1782" bezeichnet wird. Dieses unversehrte Grab fiel den Archäologen zunächst durch seine außerordentliche Größe und die „fürstlichen" Grabbeigaben auf. Eine

Burg Linn

Information

Verkehrs- und Werbeamt, Postfach 2740, 47727 Krefeld, Telefon: 02151/861501, Internet: www.krefeld.de

Touristische Tipps

Landschaftsmuseum des Niederrheins – Burg Linn, Rheinbabenstr. 85, 47809 Krefeld, Telefon: 02151/570036, Öffnungszeiten: 1. April bis 31. Oktober dienstags bis sonntags 10.00 bis 18.00 Uhr; 1. November bis 31. März dienstags bis sonntags 11.00 bis 17.00 Uhr

In unmittelbarer Nachbarschaft befindet sich die **Burg Linn**, eine beindruckende Wasserburg und eine der stattlichsten und schönsten Burganlagen am Niederrhein.

Ebenfalls eine Besichtigung wert ist das benachbarte **Jagdschloss des Clemens August von Bayern.**

Deutsches Textilmuseum, Andreasmarkt 8, 47809 Krefeld-Linn, Telefon: 02151/572046, Öffnungszeiten: 1. April bis 31. Oktober dienstags bis samstags 10.00 bis 13.00 Uhr und 15.00 bis 18.00 Uhr, an Sonn- und Feiertagen 10.00 bis 18.00 Uhr. Das Textilmuseum enthält eine umfassende Sammlung von Textilien europäischer und außereuropäischer Herkunft (siehe auch Seite 48).

kleine Goldmünze, die das Bild des oströmischen Kaisers Anastasius trägt, half den Ausgrabenden, das Grab auf den Beginn des 6. Jahrhunderts n. Chr. zu datieren. In dieser Zeit war Gellep bereits fest in fränkischer Hand. Zu den schönsten

Historisches Zentrum in Krefeld-Linn

Grabbeigaben gehören ein Fingerring aus massivem Gold mit einem blauen Halbedelstein sowie ein Pferdezaumzeug mit reichem Gold- und Silberschmuck. Als der bis heute spektakulärste Fund gilt jedoch ein Spangenhelm, der aus Bronze und Eisen geschmiedet ist und dessen zusätzliche Vergoldung auf einen hohen Stand des Begrabenen schließen lässt. Die Vermutung, dass es sich bei diesem Grab um den Bestattungsort eines fränkischen Fürsten handelt, wurde durch eine weitere eher unscheinbare Grabbeigabe bestätigt: Das kleine bronzene Kännchen trägt die lateinische Aufschrift „ARPVAR ERAT FELIX VVNDIQVE PRE (CLARVS)" – „Arpvar lebte glücklich und war überall hoch angesehen". Wer dieser Arpvar wirklich war, ob er tatsächlich den Rang eines Fürsten hatte, worin sein glückliches Leben bestand – das wissen wir heute nicht. Der Fund seines Grabes und die Funde vieler weiterer Gräber – unter ihnen auch die Gräber zweier Frauen – lassen uns die Zeit der Franken am Niederrhein viel deutlicher erscheinen.

Das Krefelder Landschaftsmuseum des Niederrheins zeigt neben den römischen und fränkischen Grabfunden auch archäologische Fundstücke des Niederrheins von der Eisenzeit an sowie umfangreiche Sammlungen zur niederrheinischen Volkskunde und Landesgeschichte. Eine kleine Besonderheit stellt auch die historische Bibliothek des Museums der Burg Linn dar. Sie ist zwar keine „alte Bibliothek" wie etwa die Stiftsbibliothek in Xanten, sondern eine „angelegte" Bibliothek, deren Bestände Albert Steeger aus Antiquariaten angekauft hat bzw. die aus Nachlässen älterer niederrheinischer Sammler wie Michael Buyx aus Nieukerk und Karl Risler aus Krefeld stammen. Buchinteressierte Besucher finden diese Sammlung, die Steeger für seine Museumsarbeit benutzt hat, im dritten Obergeschoss – leider aber auch verständlicherweise „hinter Gittern".

Der Goldhelm des fränkischen Fürsten Arpvar

Anfahrt

Mit dem Auto: A 57 Ausfahrt Nr. 13 Krefeld Zentrum in Richtung Linn

Mit öffentlichen Verkehrsmitteln: ab Krefeld Hbf Straßenbahn 044 Richtung Rheinhafen bis Burg Linn

Kaiserswerth – die mächtige Pfalz am Rhein

Kaiserswerth könnte auch Kaisersinsel heißen, denn Werther nannte man früher die Inseln, die in den Nebenarmen des Rheins zu finden waren. Die frühen Frankenkaiser erkannten den strategischen Wert und ließen einen Fronhof errichten. Heinrich III. vergrößerte die Burg, die den 778 durch die Sachsen zerstörten Fronhof ersetzt hatte. Einer seiner Nachfolger, Friedrich Barbarossa, baute sie ab 1184 zu einer wehrhaften Pfalz aus, nachdem er sie schon 1174 zur Reichszollstätte erklärt hatte. Im Jahr 1181 verlieh Barbarossa die Stadtrechte an Kaiserswerth. Welche Bedeutung die Pfalz für die deutschen Kaiser hatte, beweist auch die Tatsache, dass in der Zeit zwischen 1050 und 1257 allein 57 Reichsurkunden in Kaiserswerth mit dem Siegel versehen wurden. 1567 bis 1577 ließ Kurfürst Salentin von Köln zusätzliche Befestigungsanlagen errichten. Das schützte die Pfalz allerdings nicht bis in unsere heutigen Tage. Während des Spa-

Barbarossapfalz in Kaiserswerth

Radfahrer vor der Kaiserpfalz

nischen Erbfolgekriegs wurde sie zerstört. Kaiserswerth fiel in diesem Krieg übrigens durch einen „Alliierten namens Churchill". Der Feldherr John Churchill Duke of Marlborough nahm die Feste Kaiserswerth und später auch Bonn ein. Knapp 250 Jahre später erschien ein anderer Alliierter namens Churchill als Sieger am Niederrhein… Und so stehen wir heute vor Ruinen, die aber immer noch ahnen lassen, welche Bedeutung die Kaiserpfalz in ihrer Blütezeit besaß. Die erhaltenen Grundmauern weisen nicht nur auf Wohn- und Empfangsräume hin wie wir sie in anderen Burgen aus dieser Zeit finden, sondern auch auf ausgedehnte Wirtschaftsräume.

Älter als die Pfalz ist das Kloster Kaiserswerth, das der Mönch Suitbert im Jahre 695 gründete. Der fränkische Hausmeier Pippin hatte ihm dafür die Insel im Rhein überlassen. Vom Kloster aus starteten die Mönche ihre Missionierungen des heidnischen Umlandes. Im 11. Jahrhundert wurde aus dem Kloster das Chorherrenstift Kaiserswerth. Die nach den Zerstörungen des Zweiten Weltkriegs wieder weitgehend in ihren Ursprungszustand versetzte ehemalige Stiftskirche beherbergt als besonderen Schatz den St.-Suitbertus-Schrein mit den Gebeinen des Heiligen Suitbert und seines Missionarsgefährten Willeicus. Der Schrein gehört

Kirche St. Suitbert

Information

„Wir Kaiserswerther e. V.", Klemensplatz 4, 40489 Düsseldorf, E-Mail: info@kaiserswerth.de

Verkehrsverein der Stadt Düsseldorf e. V., Immermannshof 65b (Hauptbahnhof), 40210 Düsseldorf, Telefon: 0211/172020, E-Mail: infovvd@t-online.de

Touristische Tipps

Die **Düsseldorfer Altstadt** lädt nicht nur zu einem gemütlichen Bummel ein, sondern hat auch nach wie vor mit ihren unzähligen Restaurants, Gaststätten und Kneipen die „längste Theke der Welt".

Neanderthal-Museum in Mettmann (siehe Seite 7)

Die Radwanderroute „**Erlebnisweg Rheinschiene**" führt an Kaiserswerth vorbei.

zu den großen rheinischen Reliquienbehältern. Er wurde 1264 in der Stiftskirche aufgestellt. Auf seiner Giebelseite ist Suitbert mit dem Bischofsstab in der Hand abgebildet.

Das Stiftshaus Nr. 11, nahe bei der Kirche, soll das Geburtshaus von Friedrich Spee von Langenfeld gewesen sein. Der Jesuit, Moraltheologe und religiöse Lyriker wurde am 25.2.1591 als Sohn des Kaiserswerther Burgvogts geboren. In Franken war er Beichtvater von Frauen, die als Hexen verurteilt worden waren. In seiner berühmten Schrift „Cautio Criminalis" von 1631 wandte sich Friedrich von Spee entschieden gegen die Hexenprozesse.

Ein von Bert Gerresheim geschaffener Epitaph, der an der Choraußenwand der Stiftskirche angebracht worden ist, erinnert an den mutigen Mann. Auch in der Anlage gegenüber der staufischen Burg findet sich eine Büste von ihm neben denen von Florence Nightingale, Theodor Fliedner, Herbert Eulenberg und Caspar Uhlenberg.

Auch die weiteren Gebäude in den historischen Straßenzügen rund um St. Suitbert sind jüngeren Datums wie etwa das alte Zollhaus, welches als einziges Gebäude vor 1702 errichtet wurde. Neben seinem Alter und Erhaltungszustand sind die beiden ungleichen Barockgiebel des Hauses bemerkenswert. Von hier aus konnten die Zöllner den Rhein über eine weite Strecke kontrollieren. Das Haus Nr. 13 am Marktplatz, ein typisch niederrheinischer Backsteinbau aus dem 18. Jahrhundert beherbergt das über Düsseldorfs Grenzen hinaus bekannte Gasthaus „Zum Schiffchen". Auch hier begegnen wir wieder Suitbert: Auf dem Messingknauf ist sein Attribut – die zwei Sterne – zu sehen. Die Legende berichtet von einem Traum seiner Mutter, dass ein Stern, zwei Strahlen aussendend, auf ihr Lager stürzte. Ein Bischof deutete ihren Traum: Der Knabe, der zur Welt käme, sei berufen, in zwei Ländern, Gallien und Germanien, zu wirken.

Friedrich von Spee

Anfahrt

Mit dem Auto: über die A 44 Abfahrt Nr. 30 in Richtung Kaiserswerth

Mit öffentlichen Verkehrsmitteln: mit der U 79 bis Kaiserswerth

Daten zur Geschichte

Xantener Dom St. Viktor mit Kartause

Siegfried, St. Viktor und der heilige Norbert – drei Xantener Namen

In jenen grauen Zeiten war es, als noch die Götter lebten, ... da in Xanten am Rhein König Siegmund lebte, der von Gott und Christus noch nichts wusste. Sieglind, Siegmunds Weib, gebar einen Sohn, dem eine Hirschkuh Amme ward, weil die Mutter starb. Und so lebte Siegfried allein im Walde, wuchs heran, hatte blaue Augen und gelbes Haar ..."

Das berichtet uns der niederrheinische Heimatschriftsteller Erich Bockemühl in seinem „Niederrheinischen Sagenbuch". Auch das Nibelungenlied weist auf Xanten als Geburtsort des Sagenhelden hin. Die Existenz Siegfrieds in Xanten konnte jedoch niemals nachgewiesen werden. Etliche Forscher und andere, welche die Suche als Hobby betrieben haben, sind nie auf König Siegmunds Burg gestoßen. Dennoch bezeichnet Xanten sich als Siegfried-Stadt. Es gibt eine Kriemhild-Mühle und eine Siegfried-Mühle, die früher Baumeistermühle hieß. Und ein findiger Konditor hat sein kleines Schokoladenmuseum mit einem Siegfried-Schokoladenbrunnen ausgestattet. An Sagen ist ja immer auch ein Körnchen Wahrheit ...

Bei den Ausgrabungen nach den Heiligen, die der Stadt Xanten („Ad Sanctos") ihren Namen gegeben haben, waren die Archäologen wesentlich erfolgreicher. Walter Bader, der Mann, der sich unschätzbare Verdienste um den Wiederaufbau des im Zweiten Weltkrieg zerstörten Domes gemacht hat, entdeckte 1933 bei Ausgrabungen ein Doppelgrab. Das Grab enthielt die Knochenreste zweier Männer. Untersuchungen ergaben, dass sie in der zweiten Hälfte des 4. Jahrhunderts n. Chr. gewaltsam getötet worden waren. War hier das Grab des heiligen Viktor und eines seiner Gefährten gefunden worden, die hier den Märtyrertod erlitten hatten? Erich Bockemühl berichtet uns auch über den heiligen Viktor:

„Als die deutschen Germanen noch in ihren Eichenhainen zu den Göttern beteten, hatten die Römer am Rhein und in Gallien ihre Herrschaft ausgebreitet ... Im Jahre 284 wurde Diokletian Kaiser des römischen Reiches, der anfänglich den Christen freundlich gewesen war, später aber ihr Feind wurde. Vor allem sein Mitregent Maximilian ging mit aller Bosheit und Grausamkeit gegen sie vor. Und in dieser Zeit war es, als der heilige Viktor mit seinen Freunden und Kameraden vor den Toren der Stadt Colonia trajana, die wir heute Xanten nennen, den Märtyrertod erlitt."

Die letzten Untersuchungen an dem Grabfund Walter Baders haben ergeben, dass es sich bei den beiden Männern zwar möglicherweise um Soldaten gehandelt haben könnte, dass diese aber nicht in der Thebäischen Legion gekämpft haben konnten, der Viktor angehört hatte. Viktor wird jedoch in den unterschiedlichsten Überlieferungen erwähnt. Der Patron des Xantener Domes hat unter Umständen tatsächlich gelebt, wenn er auch nicht in dem Grab liegt, das in der Krypta des Domes auch der Öffentlichkeit zugänglich ist. Walter Bader hebt die Besonderheit dieser Fundstätte im Vergleich zu der großen Zahl der übrigen gefundenen Gräber hervor: „Entscheidend ist, dass dieses Grab von Anfang an besonders hervorgehoben war und dass sich aus der Grabzelle über ihm alle übrigen Kirchen bis zum heutigen Dom entwickelt haben."

Der Dom St. Viktor entstand in seiner heute noch sichtbaren Form in der Nachfolge von mehreren Vorgängerbauten in den Jahren 1180 bis 1213. Die ersten drei Geschosse der Doppelturmfassade bilden den romanischen Teil des Xantener Doms. Jahre später begann man mit dem ehrgeizigen Plan, den Xantener Dom als zweitgrößte Kirche im Rheinland nach dem großen Vorbild in Köln umzubauen. Dieses Vorhaben nahm etwa 300 Jahre in Anspruch. Im Vergleich dazu ist die Energieleistung Walter Baders und seiner Dombauhütte nicht hoch genug einzuschätzen.

Stadtansicht von Xanten mit dem Dom St. Viktor

Information

Kath. Pfarramt – Propstei, Kapitel 8,
46509 Xanten, Telefon: 02801/713134

Touristische Tipps

Dom Sankt Viktor, Kapitel, 46509 Xanten, Öffnungszeiten: 1. April bis 31. Oktober montags bis samstags 10.00 bis 18.00 Uhr, 1. November bis 28. Februar montags bis samstags 10.00 bis 17.00 Uhr, sonntags 12.30 bis 18.00 Uhr

Kriemhildmühle in Xanten (hier bekommt man Backwaren, die aus dem in der Mühle gemahlenen Mehl hergestellt werden!), Nordwall 5, 46509 Xanten, Telefon: 02801/6556, Internet: www.xanten.de/muehle, Öffnungszeiten: dienstags bis freitags 8.30 bis 18.30 Uhr, samstags 8.30 bis 18.00 Uhr

Am 11. Juli 1128 übernahm der heilige Norbert, der dritte „berühmte" Xantener, die Einweihung der Stiftskirche St. Viktor, nachdem deren Vorgängerbau wieder einmal einem Brand zum Opfer gefallen war. Zu diesem Zeitpunkt war Norbert schon Erzbischof von Magdeburg und ein Mann, mit dem man sich bei der Kirchweihe sicherlich gerne schmückte.

Als er noch Kanoniker in Xanten war, hatte er es mit seinen Stiftsherren nicht so leicht. Nach einem einschneidenden Erlebnis im Jahr 1115 hatte Norbert versucht, die recht weltlich lebenden Xantener Stiftsherren zu einem strengeren und entbehrungsreicheren Leben zu überreden. Da er in Xanten auf Unverständnis stieß, verließ er die Stadt und zog eine Zeit lang erfolglos als

Heiliger Norbert von Xanten vor dem Dom St. Viktor

Wanderprediger durch Deutschland und Frankreich. 1120 ließ er sich mit seinen Schülern im Tal von Premonté nieder und gründete dort ein Kloster, aus dem der Prämonstratenserorden hervorging. Erzbischof von Magdeburg war er bis zu seinem Tod im Jahre 1134.

Anfahrt

Mit dem Auto: A 57 bis zur Abfahrt Nr. 6 Alpen, dann den Wegweisern in Richtung Xanten folgen

Mit öffentlichen Verkehrsmitteln: ab Duisburg Hbf in Richtung Xanten

Daten zur Geschichte

877: Neuss wird königliche Zollstätte

1209: Grundsteinlegung für die Kirche St. Quirinus

1230: Vollendung der Kirche

1248: Grundsteinlegung des Kölner Doms

1255: Neuss tritt dem Rheinischen Städtebund bei

1447 – 1475: Karl der Kühne belagert die Stadt

1794 – 1814: Neuss unter französischer Besatzung

„Von S. Quirin dem trewen Man der Neußer Statt Patrone"

Einer der bedeutendsten spätromanischen Kirchenbauten am Niederrhein und gleichzeitig das Wahrzeichen ihrer Stadt ist die dreischiffige Basilika St. Quirinus in Neuss. Im südlichen Seitenschiff finden wir den Grundstein, den der Baumeister Wolbero 1209 gesetzt hat. Im Westwerk der Kirche sind noch die Reste eines Vorgängerbaus zu finden, der über einem römischen Gräberfeld er-

Basilika St. Quirinus vom Neusser Hafen gesehen

richtet wurde. An dieser Stelle begann man vermutlich auch schon mit der Verehrung des heiligen Quirinus. Neben dem Vorgängerbau der Kirche – vermutlich eine karolingische Basilika aus dem 9. Jahrhundert – entstand etwa 100 Jahre später ein Benediktinerinnenkloster, dem im 11. Jahrhundert die Äbtissin Gepa vorstand. Diese nutzte ihre guten Verbindungen zu Papst Leo IX. – er war ihr Bruder – und holte die Reliquien des Quirinus nach Neuss.
Die Kirche wurde 1230 vollendet. Zu dieser Zeit ging die Epoche der Romanik schon ihrem Ende entgegen und die nachfolgende Gotik kündete sich an. Vorformen der neuen Epoche sind in der Neusser Basilika zum Beispiel in einigen kleinen Gewölbebögen zu sehen. Nach einem Brand im Jahr 1741 erhielt die Basili-

ka ihre barocke Haube, die mit der Statue des Heiligen Quirinus gekrönt ist. Die Statue hat der französische Revolutionsgeneral und spätere schwedische König Bernadotte während der napoleonischen Kriege vergeblich herunterzuschießen versucht. Im Innern der Kirche befinden sich weitere Hinweise auf den Neusser Stadtpatron: Zum einen der kostbare Quirinusschrein des Goldschmieds Bernhard Witte und zum anderen eine Arbeit aus der Werkstatt des Steinmetzmeisters Tilmann von der Burch, die vom Anfang des 16. Jahrhunderts stammt. Die Figur, die Quirinus als Ritter mit Schild und Lanze zeigt, steht auf dem südlichen Seitenaltar.

Quirinus oder nicht Quirinus, das ist hier die Frage. Legenden sind „die historisch nicht verbürgten, meist aber einen geschichtlichen Kern enthaltenden Erzählungen aus dem Leben der Heiligen". So lautet die Definition eines bekannten Nachschlagewerks. Die Gelehrten sind sich nun nicht einig, ob es sich bei dem Heiligen, der auch Patron der Stadt Neuss ist, um den früheren römischen Soldaten und späteren Märtyrer Quirinus oder den Bischof Quirinus von Siscia handelt. Quirinus von Siscia war allerdings auch Märtyrer.

Die Neusser Bürger jedenfalls haben sich schon seit Jahrhunderten für die Legende vom römischen Offizier Quirinus entschieden. Dieser hatte die Aufgabe, zum Tode verurteilte Christen zu bewachen. Eines Tages wurde ihm die Bewachung von Papst Alexander I. übertragen. Dieser nahm seinen Verkündigungsauftrag auch in Gefangenschaft ernst und bekehrte Quirinus und dessen Tochter Balbina zum Christentum. Quirinus und Balbina erlitten den Märtyrertod und wurden in der Prätextat-Katakombe an der Via Appia beigesetzt. Ihr Andenken stand hoch in Ehren; denn Quirinus soll bei einer Inspektion im mamertinischen Gefängnis die Fesseln gefunden haben, mit denen der Apostel Paulus vor seinem Tod angekettet war. Sie befinden sich jetzt in der römischen Petruskirche „ad vincula". So weit die Legenden, die bei den Menschen des Mittelalters auf ganz besonders fruchtbaren Boden fielen.

Die Verehrung des heiligen Quirinus verbreitete sich weit ins linksrheinische Land hinein. Von überall her kamen die Wallfahrer in Pestzeiten und bei Hals- und Hautkrankheiten und nahmen das Wasser des Quirinusbrunnens mit nach Hause. Nach dem Jahr 1475 war man in Neuss sogar der Meinung, dass es Quirinus war, der im Krieg Karls des Kühnen von Burgund gegen die Städte Neuss und Köln ihre Stadt vor der Eroberung und Plünderung bewahrt hat.

Der Markt- oder Quirinusbrunnen

Neuss ist auch in unserer Zeit ein viel besuchtes Pilgerziel geblieben und am 30. März wird in der Stadt das Quirinusfest gefeiert.

Auf dem Marktplatz in der Nähe der Basilika steht der 1983 vom Kölner Jochem Pechau geschaffene Markt- oder Quirinusbrunnen. Eine Granitplatte erinnert an den Quirinuspütz, aus dem nicht nur im Mittelalter das bei den Bürgern und Pilgern begehrte Quirinuswasser geschöpft wurde, sondern auch die kleinen Neusser gefischt wurden (in Neuss kamen sie nicht mit dem Klapperstorch). Und das ist jetzt bestimmt keine Legende, sondern wohl eher ein Märchen.

Information

Neusser Tagungs- und Tourismus GmbH, Oberstr. 7-9, 41460 Neuss, Telefon: 02131/908300, Internet: www.neuss.de

Touristische Tipps

Clemens-Sels-Museum, Am Obertor, 41460 Neuss, Telefon: 02131-90/4141, Internet: www.clemens-sels-museum.de, Öffnungszeiten: täglich außer montags von 11.00 bis 17.00 Uhr, sonn- und feiertags von 11.00 bis 18.00 Uhr

Den Schlüssel für den **Kybele-Kultkeller** erhalten Sie bei Familie Heischkamp, Gepaplatz 3, Neuss-Gnadenthal, Öffnungszeiten: täglich von 10.00 bis 18.00 Uhr

Vergleichbares in der Region

Weitere **Pilgerorte am Niederrhein**: Kevelaer, Kranenburg, Marienbaum (Auswahl)

Anfahrt

Mit dem Auto: A 57 bis Abfahrt 20 Neuss/West, dann den Wegweisern in die Innenstadt folgen

Mit öffentlichen Verkehrsmitteln: ab Neuss Hbf bis zur Haltestelle Markt

Kloster Kamp – die ersten Zisterzienser auf deutschem Boden

1122 war ein wichtiges Jahr für das Heilige Römische Reich Deutscher Nation. Kaiser Heinrich V. war es gelungen, den langjährigen Investiturstreit zwischen Kaiserreich und Kirche mit dem Wormser Konkordat zu schlichten. Der einflussreiche Kölner Erzbischof Friedrich I., der gleichzeitig auch Landesherr war, wollte die neu angebrochene Zeit der Ruhe nutzen. Mehr innere Beständigkeit sollte in seinem Erzbistum, das bis in den nördlichen Niederrhein reichte, herrschen. Die Stiftungschronik von Kloster Kamp berichtet, welche Lösungsmöglichkeit er sich da ausgedacht hatte: „Wir haben demnach den Vorschlag angenommen, einige Stecklinge für eine junge Pflanzung in die Gärten unserer Kirche zu setzen, in deren Schatten, wenn sie kräftig emporwachsen würden, unser Geist frei von Sorgen schon einmal im Freien ruhen könnte ..."

Kloster Kamp mit Terrassengarten

Nach dem erfolgreichen Vorbild der Mönche von Clairvaux sollten also Klostergründungen diese „jungen Stecklinge" sein. Diese Gründungen waren natürlich in den Gebieten besonders sinnvoll, die an die Herrschaftsbereiche weltlicher Landesfürsten grenzten. Als „ausführendes Organ" hatte sich Erzbischof Friedrich seinen Bruder Arnulf ausgeguckt, der zu der Zeit Abt des Klosters Morimond war. Morimond war wiederum ein Tochterkloster der berühmten Zisterzienserabtei von Citeaux.

Der Chronist Dr. Aloys Wittrup beschreibt den Ritt der beiden Kirchenmänner in seinem Buch „Aus Rheinbergs vergangenen Tagen". Nachdem Friedrich und Arnulf zunächst in Köln aus der Klostergründung eine beschlossene Sache gemacht hatten, begaben sie sich in den ersten Septembertagen des Jahres 1122 auf den Weg nach Rheinberg. Von dort aus ritten sie am nächsten Morgen „mit ihrem Gefolge an der Niepniederung und der Lintfurt entlang in die Gegend des Kamper Berges". Die Gegend war ideal für ein Kloster, und der Klostergründung stand nichts mehr im Wege. Am 31. Januar 1123 setzten Abt Heinrich und zwölf weitere Zisterziensermönche den Gründungsbeschluss in die Tat um. Kloster Kamp war das erste Zisterzienserkloster auf deutschem Boden, und es wurde schnell zu einem bedeutenden geistlichen Zentrum. In kürzester Zeit wurden etliche Tochterklöster im Deutschen Reich gegründet.

Hugo Otto, der in der ersten Hälfte des 20. Jahrhunderts „Sagen und Überlieferungen vom Niederrhein" gesammelt hat, weiß über das Leben der ersten Mönche Folgendes zu berichten: „Gottesdienst und Arbeit waren die wichtigsten Aufgaben dieser Mönche. Der Tageslauf war aufs strengste geregelt. Um zwei Uhr

Kloster Kamp

Information

Stadtinformation, Am Rathaus 2, 47475 Kamp-Lintfort, Telefon: 02842/19433, Internet: www.kamp-lintfort.de

Touristische Tipps

Ordensgeschichtliches Museum Kloster Kamp, Abteiplatz 24, 47475 Kamp-Lintfort, Telefon: 02842/4062, Öffnungszeiten: dienstags bis samstags 14.00 bis 18.00 Uhr, sonntags 11.00 bis 18.00 Uhr. Es lohnt sich, den Kräuter- und Terrassengarten im Kloster Kamp anzuschauen.

Vergleichbares in der Region

Das Kloster Marienthal bei Hamminkeln wurde 1256 erbaut und gilt als ältestes Augustiner-Eremiten-Kloster Deutschlands.

nachts rief die helle Klosterglocke die Mönche zur ersten Andacht, und dann drangen die feierlichen Chorgesänge durch die Stille der Nacht. Weithin verlor sich der Schall der Männerstimmen. Bis in die Waldungen zwischen Kamp und Hoerstgen vernahm man den frommen Gesang." Aus diesem Grunde, so berichtet die Überlieferung, hat auch der prächtige Hochwald westlich von Niederkamp bis auf den heutigen Tag den volkstümlichen Namen „Mönchsschall" erhalten". Der Hauptwanderweg x2 von Kleve nach Düren führt durch dieses Waldstück, das sogar auf heutigen Karten noch mit dem oben genannten Namen benannt wird.

Die Abtei existierte bis zum Jahre 1802. Da hob Napoleon das Kloster auf. Doch Napoleon blieb zum Glück nicht für immer am Niederrhein.

Seit 1954 bemühen sich Mönche des Karmeliterordens um das bedeutende Kloster. Das bedeutet nicht nur geistliches Leben und seelsorgerischen Dienst, sondern auch Erhalt der Klostergebäude, der wertvollen Buchbestände und – seit 1988 – Rekonstruktion des einmaligen barocken Terrassengartens, der heute von der Stadt Kamp-Lintfort unterhalten wird und frei zugänglich ist. Die eigentliche Entstehung des Gartens ist auf eine Anordnung des Zisterzienserordens zurückzuführen, dass jedes Kloster einen eigenen Weinberg besitzen müsse. Die Kamper Mönche hatten ursprünglich ein Weingut an der Mosel besessen, das sie Mitte des 14. Jahrhunderts hatten verkaufen müssen. Darauf legten sie am Südhang der Abtei Kamp einen eigenen terrassenförmigen Weinberg an. Die Legende berichtet, dass dieser Wein nicht gerade zu den süffigsten gehört haben soll: „Der Kamper Wein bereitet am Tisch nur Pein." Vielleicht war das der Grund dafür, dass Abt Edmund Richterich den inzwischen verfallenen Weinberg nicht wieder neu errichten ließ. Er gab in den Jahren 1699 bis 1700 den Auftrag, einen „Neuen Garten" mit künstlichen Terrassen anzulegen. Franciscus Daniels, der von 1733 bis 1749 Abt war und prächtige Ausstattungen liebte, sorgte dafür, dass der Garten sein barockes Aussehen erhielt, bis dann 1802 Napoleon an den Niederrhein kam.

Ordensgeschichtliches Museum Kloster Kamp

Anfahrt

Mit dem Auto: A 57 bis zum Autobahnkreuz Kamp-Lintfort, Abfahrt in Richtung Kamp-Lintfort Innenstadt, dann den Hinweisschildern Kloster Kamp folgen

Mit öffentlichen Verkehrsmitteln: ab Duisburg Hbf Bus SB 30

21

Feste Zons – die Zollstation des Erzbischofs von Köln

Eine Perle des südlichen Niederrheins ist sicherlich das Städtchen Zons, das heute zu Dormagen gehört. Fast verträumt liegt es da am Rhein zwischen den viel lebhafteren Städten Neuss und Köln. Besteigt man südlich von Düsseldorf-Urdenbach die Fähre über den Rhein und fährt auf Zons zu, ist man zunächst beeindruckt von der alten Befestigungsanlage und fragt sich, wozu ein solch beschauliches Städtchen wohl eine 1100 Meter lange Stadtmauer zur Verteidigung

Zons - Wachturm mit Durchgang zum inneren Burghof

Kleine Wohnhäuser an der Stadtmauer von Zons

nötig hatte. Aber in früheren Zeiten war es in und um Zons herum nicht immer so ruhig wie heute.

Eine Urkunde aus dem 11. Jahrhundert bezeugt, dass Zons schon zur Zeit des Erzbischofs Kunibert (623–663) zu Köln gehört hat. Die Zugehörigkeit zum mächtigen Erzbistum endete mit der Schlacht bei Worringen, nach der die siegreichen Kölner Bürger die Steine der erzbischöflichen Burg abtrugen und zum Bau ihrer eigenen Stadtmauer verwendeten.

Durch seine günstige Lage am Rhein war es als Zollstelle geradezu prädestiniert. Das hatte auch Erzbischof Friedrich von Saarwerden erkannt, als er 1372 – sein Stützpunkt Neuss war ihm zu unsicher geworden – seine Zollstelle nach Zons verlegte und der Stadt am 20. 12. 1373 die Stadtrechte verlieh. Um den kleinen Ort entsprechend zu schützen, ließ er innerhalb von fast vierzig Jahren Verteidigungsanlagen bauen. Welch solide Arbeit die Baumeister damals geleistet haben, beweist die Tatsache, dass trotz wiederholter Belagerungen die Stadt ihr damaliges Bild bis heute beibehalten hat. Aus dem Jahr 1646 – kurz vor dem Ende des Dreißigjährigen Krieges – wird vermeldet, dass bei einer Belagerung durch die Hessen 671 Kanonenkugeln ohne Erfolg auf die Stadt abgeschossen worden seien. Vier Jahre zuvor war ein berühmter Mann Mitglied eines Heerlagers bei Zons: Jan van Werth, der berühmte Reitergeneral. Ein Zeitgenosse beschreibt ihn so: „Ward in Frankreich als ein Abgesandter des Höllenfürsten gefürchtet und sind bei Nennung seines Namens wohl alte Soldaten davongelaufen, desto mehr haben die Kaiserlichen in ihn Vertrauen gesetzt und ist in Summa ein rechter Soldatengott gewesen, der zeitlebens keine Ruhe und keine Rast gehabt und von seinem ganzen Verdienst wenig Besseres davongebracht als sein letzter Reiter."

Die Mauer der Stadt wird von mehreren Türmen überragt. Die Nordseite wird von dem mächtigen Rheinturm dominiert, der auch Zoll- oder Petrusturm genannt wird. Der Turm wurde 1388 aus Basalt- und Backstein errichtet und hat eine Grundfläche von hundert Quadratmetern. Vor hier aus hatten die Zöllner einen ausgezeichneten Blick auf den Rhein und die zollabgabepflichtigen Schiffe. Der auffallendste Turm der Stadt ist der „Juddeturm" an der Schlossstraße. Sein Name ist wahrscheinlich auf die Kölner Patrizierfamilie von Judde zurückzuführen, die ihre Geschäfte auch nach Zons verlagert hatte. Unter seiner wunderschönen Barockhaube besitzt dieser Turm einen Wehrgang, der neben Schießscharten auch mit so genannten Gießlöchern ausgestattet wurde. Diese „Pechnasen" dienten dazu, anrückende Feinde mit glühend heißem Pech, heißem Wasser und Wurfmaterialien zu überraschen. Im nordwestlichen Eckturm, dem „Krötschenturm", wurden nicht nur Pestkranke untergebracht. Auch er diente mit seinem Zinnenkranz der Verteidigung.

Einzigartig im Rheinland sind die so genannten „Pfefferbüchsen". An der Ostmauer von Zons befinden sich noch zwei der ursprünglich drei gotischen, achteckigen Wachtürmchen. Ihren Namen haben sie wahrscheinlich nach ihrer Form

Information

Heimat- und Verkehrsverein der Stadt Zons e.V., Stürzelberger Str. 18, 41541 Dormagen-Zons, Telefon: 02133/2572-62 oder -96

Stadt Dormagen, Kölner Straße 82, 41538 Dormagen, Telefon: 02133/257430, Internet: www.dormagen.de

Touristische Tipps

Kreismuseum Zons, Schlossstraße 1, 41541 Dormagen-Zons, Telefon: 02133/46715, Öffnungszeiten: dienstags bis freitags 14.00 bis 18.00 Uhr, samstags und sonntags 10.00 bis 12.30 Uhr und 14.00 bis 17.00 Uhr

Die Basilika des nahe gelegenen **Klosters Knechtsteden** ist ein sehenswertes Beispiel sakraler Baukunst des 12. Jahrhunderts.
Das Missionsmuseum des Klosters bietet eine stattliche völker- und naturkundliche Sammlung, die besonders den „Schwarzen Kontinent" Afrika berücksichtigt.

In den alten Gassen von Zons – im Hintergrund der Juddeturm

erhalten, die an die Pfefferbehälter aus Zinn erinnert, welche im Mittelalter benutzt wurden. Die Türme waren zeitweise bewohnt – einer von ihnen diente sogar bis 1900 noch als Gefängnis. Die Türme sind, wie sehr viele Häuser in Zons, über Treppen erreichbar. Das hat seinen Grund in den vielen Hochwassern, welche die Bewohner der Stadt erdulden mussten. Auch an der Westmauer ist ein Wachtürmchen zu sehen, das mit zwei Fachwerkhäusern zusammengewachsen scheint. Es ist eines von den Wachtürmchen mit einem Pultdach, die in ganz Deutschland einmalig sind! Nach dem Besuch der Stadt lohnt noch ein Abstecher in die typisch niederrheinische Landschaft in der Umgebung von Zons, der so genannten Zonser Heide.

Anfahrt

Mit dem Auto: A 57 bis zur Abfahrt Nr. 25 Dormagen, dann über die B 9 nach Zons

Mit öffentlichen Verkehrsmitteln: ab Dormagen Bahnhof mit dem Bus 875 nach Zons – oder mit der Fähre von Düsseldorf-Urdenbach nach Zons

Thomas von Kempen

Kempen und sein großer Sohn

Am 3. November 1294 verlieh der Kölner Erzbischof Siegfried von Westerburg die Stadtrechte an Kempen. Kempen lag ganz im Norden des mächtigen Kurfürstentums, welches allerdings auch in dem angrenzenden Herzogtum Kleve-Berg sowie den Grafschaften Geldern, Jülich und Moers nicht zu unterschätzende Nachbarn hatte. Besonders nach der verlorenen Schlacht von Worringen im Jahre 1288 sahen es die Kölner als unerlässlich an, die strategisch wichtigen Stellen ihres Kurfürstentums als Festungen auszubauen. Kempen hatte zudem in den Jahren seiner Zugehörigkeit zu Köln unbedingte Gefolgschaftstreue bewiesen und sich damit besondere Privilegien wie die Verleihung von Markt- und Münzrechten verdient. Siegfried von Westerburg sorgte durch den Bau einer starken Wehranlage aus Gräben, Wällen, Toren und Türmen für die Sicherheit der Kempener Untertanen. Nach Siegfrieds Tod kümmerte sich erst sein zweiter Nachfolger Heinrich von Virneburg um eine Verstärkung der Wehranlagen. Allerdings verpfändete er die Stadt auch kurzfristig, um Schulden aus anderen Teilen seines Erzbistums begleichen zu können.

Friedrich von Saarwerden, der 1370 Erzbischof von Köln wurde, ließ weiter an der Befestigung Kempens arbeiten. Mittlerweile war das Schießpulver erfunden worden und die Wehranlage entsprach nicht mehr den neuen Anforderungen. Das Kuhtor war das erste heute noch sichtbare Ergebnis seiner Aktivitäten. Seine größte Leistung als Bauherr war die Errichtung der kurfürstlichen Landesburg. Vier Jahre, von 1396 bis 1400, benötigte sein Baumeister Johannes Hundt zur Errichtung der eindrucksvollen Anlage mit ihren drei wuchtigen Türmen. Neben dem Bau anderer Burgen in seinem Kurfürstentum ist Friedrich vor allem auch mit der Kempener Burg als der große bischöfliche Burgenbauer in die Geschichte des Niederrheins eingegangen.

Ein ganz anderer Mann sollte jedoch in die Weltgeschichte der religiösen Literatur eingehen. Dass Thomas Hemerken, geboren 1379/80 in der niederrheinischen Stadt Kempen, einmal zu den Bestsellerautoren der Weltliteratur gehören würde, hatten sich seine Eltern wohl nicht träumen lassen. Der Vater war ein bescheidener Handwerker. Die Eltern hatten sich vielleicht erhofft, dass ihr Sohn Thomas einmal in die Fußstapfen seines Vaters treten würde. Dennoch schickten sie Thomas in die Lateinschule ihrer Heimatstadt Kempen. Thomas wollte nicht Handwerker, sondern wie sein älterer Bruder ein „geistlicher Herr" werden und ging, kaum 14-jährig, zu den „Brüdern vom gemeinsamen Leben". In dieser Gemeinschaft lernte er das Abschreiben von Büchern, die Auslegung biblischer Texte und die Meditation.

1399 trat er auf Anraten seines Lehrers Florentinus Radewijns in das Augustiner-chorherrenstift Agnetenberg bei Zwolle ein. Hier war sein älterer Bruder Johannes Prior. 1406 legte Thomas die Gelübde ab und wurde 1414 zum Priester geweiht. Über 70 Jahre lebte Thomas, von Gestalt klein und eher ein stiller Mönch, in dieser Klostergemeinschaft. Man übertrug ihm Verwaltungsaufgaben, die ihm weniger lagen. Seine Stärken waren das Kopieren bedeutender religiöser Bücher und deren Interpretation sowie das Verfassen eigener Schriften.

„Die Nachfolge Christi", sein Hauptwerk, entstand etwa 1427 und wurde schon 1434 aus der lateinischen Originalsprache ins Deutsche übersetzt. Am Ende des 19. Jahrhunderts zählte man mehr als 3000 unterschiedliche Ausgaben. Auf zahlreiche große Persönlichkeiten späterer Zeiten haben Thomas' Schriften einen großen Einfluss ausgeübt, bis in unsere Zeit hinein. Für Dag Hammarskjöld, Generalsekretär der UNO und Friedensnobelpreisträger von 1961, war das berühmte Buch des Thomas von Kempen die letzte Lektüre bevor er auf seiner Friedensmission während der Kongokrise in Afrika mit einem Flugzeug abstürzte.

Kurfürstliche Landesburg in Kempen

Information

Stadtverwaltung Kempen, Buttermarkt 1, 47906 Kempen, Telefon: 02152/917271, Internet: www.kempen.de

Verkehrsamt der Stadt Kempen, Engerstr. 3, 47906 Kempen, Telefon: 02152/917271

Touristische Tipps

Städtisches Kramer-Museum im Franziskanerkloster (u.a. alte Klosterküche mit wunderschönen Kacheln), Burgstr. 19, 47906 Kempen, Telefon: 02152/917264, Öffnungszeiten: dienstags bis sonntags 11.00 bis 17.00 Uhr, donnerstags 11.00 bis 19.00 Uhr

Sehenswert sind die **pittoresken Fachwerkhäuser** in der Alten Schulstraße in Kempen.

1659 gründeten die Kempener ihr Gymnasium. Es trug zunächst den Namen „Josephino-Thomaeum". Heute heißt es nur noch „Thomäum" und ist die renommierteste weiterführende Schule der Stadt. Zur 300-Jahr-Feier ließ der Ehemaligenverein in der Aula der Schule einen Bronzeleuchter von Ewald Mataré aufstellen, der die Verbundenheit zu Thomas von Kempen ausdrücken soll. Auch im Städtischen Kramer-Museum, das im ehemaligen Franziskanerkloster untergebracht ist, erinnert ein Thomaszimmer an der großen Mystiker.

Anfahrt

Mit dem Auto: A 40 bis zur Abfahrt Nr. 5 Kempen

Mit öffentlichen Verkehrsmitteln: von Düsseldorf Hbf oder Krefeld Hbf mit der Regionalbahn „Niersexpress" bis Kempen

Daten zur Geschichte

Kleve – der Schwanenritter und der adelige Gartenarchitekt

„Nie sollst du mich befragen" und „Nun sei bedankt mein lieber Schwan" – fast sind diese beiden Sätze schon gängige Redewendungen geworden. Dabei wissen fast alle, dass sie aus Wagners Oper Lohengrin stammen. Für die Klever sind sie beinahe geschichtliche Realität. Diesen Eindruck gewinnt zumindest jeder, der die Klever Schwanenburg besucht. Schon beim Betreten der Burganlage wird man gleich mit einer weiteren geschichtlichen Aussage konfrontiert: „Men seght dat Julius Caesar had den toirn maken die dair voir stond" – „Man sagt, dass Julius Caesar den Turm gebaut hat, der davor (vor der Burg) steht." Nun ja, Caesar hat ja in Gallien so allerhand bewirkt, und die günstige Lage ... Beinahe könnte man an eine weitere geschichtliche Realität nach Klever Art glauben, wenn die Gegend hier nicht so voller Sagen wäre.

Noch einmal zurück zum Schwanenritter, der nicht Lohengrin, sondern Elias Grail hieß. Dieser half Elsa, die nicht so, sondern Beatrix hieß, aus einer misslichen Lage. Das könne aber nur funktionieren, wenn sie ihn nie nach seiner Herkunft fragen würde. Natürlich funktionierte das nicht, und so ging oder besser fuhr er wieder. Gekommen war er in einem kleinen Schiff, das von einem Schwan gezogen wurde. Und davon fuhr er wieder auf dem Wasser, dieses Mal gezogen von einer Taube. So lautet die Sage.

Geschichtlich belegt ist da schon eher die Errichtung einer ersten Burg auf dem „Kliff", wie der Burgberg auch genannt wird. Aus diesem Namen hat sich dann später zunächst der Ortsname „Kleef" und danach „Kleve" entwickelt. Um 900 soll die erste Burg hier unter Graf Rutger entstanden sein. Damals soll sie „Clive" genannt worden sein. Die Stadtrechte hat Kleve seit dem 25. April 1242. Dietrich von Kleve, der bis 1260 die Grafschaft beherrschte, war der Erbauer der Wohnburg. Das alte Klever Grafengeschlecht hatte 1368 keine männlichen Nachkommen mehr. Die Grafen von der westfälischen Mark traten die Nachfolge an. Graf Adolf II., der während des Konzils zu Konstanz (1414–1418) von Kaiser Sigismund zum Herzog ernannt worden war, baute die Burg entscheidend um. 1439 war der Burgfried eingestürzt. 1440 begann der Baumeister Johann Wyrenbergh mit dem Bau des 54 Meter hohen Schwanenturms. 1448 waren die Arbeiten beendet, und seitdem krönt der Schwan die Spitze der Burg.

„Cleve liegt an und auf dem Berge", schreibt Wilhelm Heinrich Riehl in seinen „Wanderungen am Niederrhein" von 1840, „die letzte Stadt echt deutscher Physiognomie, am Fuße des Berges aber zieht sich eine lange Reihe holländischer Villen mit fein und reich

Schwanenburg in Kleve

Morgenstimmung in Kleve mit Blick auf die Schwanenburg

Information

Stadt Kleve, Amt für Fremdenverkehr, Rathaus, 47533 Kleve, Telefon: 02821/84422, Internet: www.stadt-kleve.de

Touristische Tipps

Schwanenburg mit Schwanenturm, Schlossberg, 47533 Kleve, Telefon: 02821/21508, Öffnungszeiten: 1. April bis 31. Oktober täglich 10.00 bis 17.00 Uhr; 1. November bis 31. März samstags und sonntags 11.00 bis 17.00 Uhr

Museum Kurhaus in Kleve (ständige Ausstellung des Künstlers Ewald Mataré), Tiergartenstr. 41, 47533 Kleve, Telefon: 02821/75010, Internet: www.museumkurhaus.de, Öffnungszeiten: dienstags bis sonntags 1. November bis 31. März 10.00 bis 17.00 Uhr; 1. April bis 31. Oktober 10.00 bis 18.00 Uhr

Vergleichbares in der Region

Schloss Moyland in Bedburg-Hau
(siehe Seite 70)

geschmückten Gärten, dann weiterhin der Tiergarten mit seinen hochschüssigen Bäumen und Alleen, von Kanälen begrenzt, auf deren stiller Flut grell durchbrechende Sonnenlichter mit dunklen Laubschatten wechseln. Es gibt deutsche Grenzstädte von weit ausgesprochenerem niederländischen Charakter wie Cleve, aber wohl keine, welche solch ein vollendetes Doppelbild gäbe: deutsche Art auf dem Berge und holländische im Tale."

Knapp zweihundert Jahre vor Riehls Reise an den Niederrhein war Johann Moritz von Nassau brandenburgischer Statthalter von Kleve, Berg und Ravensberg geworden. Seine baulichen Aktivitäten verwandelten die Stadt in eine barocke Residenz. Unter der Leitung des niederländischen Architekten Pieter Post wurde die Burg in ein Schloss umgebaut: mit zwar eindeutig barocken aber dennoch sehr schlichten Formen. Ebenfalls auf Johann Moritz zurück geht die Gestaltung der „Klever Gärten", dem Sternberg, dem Amphitheater und dem Tiergartenwald. Auch heute noch begeistert der Blick auf den imposanten Prinz-Moritz-Kanal und auf die Marmorstatue der Minerva Tritonia.

Johann Moritz sei, so schreiben die Chronisten, ein Glücksfall für Kleve gewesen und die Zeit seiner Regentschaft eine goldene Zeit. An der Uedemer Straße, direkt an der Grenze zur Gemeinde Bedburg-Hau, steht ein gusseisernes Grabmal, ein so genannter Kenotaph. Es ist die Grabstätte von Johann Moritz, der in Kleve auch heute noch einfach Prinz Moritz genannt wird. Geruht hat er hier allerdings nur für kurze Zeit. Seine fürstliche Familie hat ihn in seine ursprüngliche Heimat Siegen zurückgeholt.

Schäfer mit Schafherde bei Kleve – Schenkenschanz

Anfahrt

Mit dem Auto: A 57 bis zur Abfahrt Nr. 2 Kleve, dann über die B 9 in die Innenstadt

Mit öffentlichen Verkehrsmitteln: mit dem Niersexpress von Düsseldorf Hbf über Krefeld nach Kleve

Daten zur Geschichte

Touristische Tipps

Kultur- und Stadthistorisches Museum („Mercator-Schatzkammer"), Johannes-Corputius-Platz 1, 47051 Duisburg, Telefon: 0203/2832640, Internet: www.stadtmuseum-duisburg.de, Öffnungszeiten: dienstags bis donnerstags und samstags 10.00 bis 17.00 Uhr; freitags 10.00 bis 14.00 Uhr; sonntags 10.00 bis 18.00 Uhr

Skulpturenpark im Immanuel-Kant-Park und Wilhelm-Lehmbruck-Museum, Friedrich-Wilhelm-Str. 40, 47049 Duisburg, Telefon: 0203/2832195, Internet: www.lehmbruckmuseum.de

Hafenrundfahrt – DHG, Harry-Epstein-Platz 10, 47049 Duisburg, Telefon: 0203/6044445

Gerhard Mercator – Glaubensflüchtling am Niederrhein

Welchen Eindruck der berühmte Mathematiker und Astronom Gemma Frisius von seinem neuen Studenten Gerhard Kremer hatte, wissen wir nicht. Kremer, der sich 1530 unter dem Namen Gerardus Mercator Rupelmundanus an der Universität zu Löwen eingeschrieben hatte, war fasziniert, auch wenn er nur die Hälfte verstand. Der nur vier Jahre ältere Frisius hielt damals Vorlesungen in Astronomie, und Mercator war so begeistert, dass er Gemmas Rat einholte und sich auf dessen Anweisungen hin mathematische Kenntnisse im Selbststudium aneignete. Denn das war das Grundwissen, das er nicht nur benötigte, um Gemmas Vorlesungen besser verstehen zu können, sondern auch um seinen Wunschberuf zu erlernen. Er wollte Kosmograph werden oder, wie man damals in Flandern sagte, „wereldbeschrijver".

Mercatorbrunnen vor dem Rathaus

Mercator wurde im Jahre 1512 in Rupelmonde an der Schelde, 15 Kilometer südwestlich von Antwerpen, geboren. Seine Eltern, der Schuhmacher Hubert Kremer und seine Frau Emerentia, stammten vom Niederrhein, aus Gangelt bei Heinsberg. In Rupelmonde lebte Gerhards Großonkel Gisbert Kremer, der als Kaplan im städtischen Hospital tätig war. Dieser Großonkel war es auch, der sich um Gerhards Erziehung kümmerte, als der Vater des Jungen starb. Er schickte ihn 1526 auf die Schule der „Brüder vom gemeinsamen Leben" in 's-Hertogenbosch. Dieser Orden hatte sich der humanistischen Erziehung verschrieben und vermittelte neben dem Bibelstudium und dem Lesen der antiken Autoren auch das Erlernen des Schönschreibens und die Technik der Buchherstellung. Hier in 's-Hertogenbosch wurden die ersten Grundlagen für seine spätere Arbeit gelegt.

Nachdem Mercator sich an der Universität zu Löwen eingeschrieben hatte, wollte er sich, wahrscheinlich unter dem Einfluss seines Großonkels, zunächst der Theologie widmen. Doch dann wandte er sich den Fächern zu, die man damals die „sieben freien Künste" nannte: zunächst als Grundstudium das so genannte Trivium mit den Fächern Grammatik, Rhetorik und Logik und danach als Studium für Fortgeschrittene das Quadrivium mit den Fächern Arithmetik, Geometrie, Musik und Astronomie. Dann passierte Mercator plötzlich das, was auch heutigen Studenten nicht unbekannt ist. Er brach sein Studium ab. Ob er eine Auszeit brauchte und was er in den folgenden zwei Jahren machte, wissen wir nicht. Soviel überliefert ist, hat er außerhalb der Universität Philosophie studiert. 1534 ging er wieder nach Löwen und zurück an die Universität.

Gemma Frisius erkannte schnell die Fähigkeiten seines Studenten und ließ ihn in seiner Werkstatt an einem Weltglobus und an einem Himmelsglobus arbeiten, zu denen er die Pläne gemacht hatte. 1537 brachte Mercator seine erste eigene Schöpfung heraus: eine Karte vom Heiligen Land. Sein weiteres Leben würde man heute als Bilderbuchkarriere bezeichnen. Allerdings gab es einen gravierenden Einschnitt: Im Zeitalter der Reformation verdächtigte man Mercator im katholischen Flandern der Anhängerschaft Luthers. Für ein halbes Jahr saß er sogar in Rupelmonde im Gefängnis ein. 1552 zog er mit seiner Familie nach Duisburg in das damalige Herzogtum Jülich-Kleve-Mark. Hier war er vor religiösen Verfolgungen sicher und konnte weiter an seinem Lebenswerk arbeiten. 1554 bestellte Kaiser Karl V. zwei Globen bei Mercator, der inzwischen zum wichtigsten Kartographen geworden war. 1569 erschien seine wohl entscheidende Arbeit: die Weltkarte „ad usum navigantium", die für die Seefahrer eine ungeheure Erleichterung bei der Navigation bedeutete. Die winkeltreue Wiedergabe der Erde auf dieser Karte bezeichnete man später als „Mercator-Projektion".

Als Mercator nach zwei Schlaganfällen, von denen er sich nicht mehr richtig erholte, im Jahr 1594 starb, hatte er nicht nur die Bezeichnung Atlas für eine Kartensammlung erfunden, sondern auch der Welt „ein neues Bild" von sich selbst gezeichnet. Er ist in der Salvatorkirche in Duisburg begraben, und ein Denkmal vor dem Rathaus erinnert heute noch an den großen Kartographen, den es während der Reformationszeit an den Niederrhein verschlagen hatte.

Information

Duisburg-Information, Am Buchenbaum 40, 47051 Duisburg, Telefon: 0203/2854411, Internet: www.duisburg.de

Anfahrt

Mit dem Auto: A 59 Abfahrt Nr. 11 Duisburg-Zentrum

Mit öffentlichen Verkehrsmitteln: mit der U-Bahn ab Duisburg Hbf bis zur Haltestelle König-Heinrich-Platz

Mauerreste des alten Markthallengebäudes mit einem Stahlmodell vor dem Rathaus in Duisburg

Daten zur Geschichte

1568: Ausbruch des Achtzigjährigen Krieges zwischen den Niederlanden und Spanien

1621: Der nördliche Niederrhein gelangt in den Besitz Spaniens

1626: Beginn des Baus der Fossa Eugeniana

1629: Einstellung des Kanalbaus

1633: Die Niederländer erobern Rheinberg

1648: Westfälischer Friede

Teile der Fossa Eugeniana bei Kamp-Lintfort

Der große Kanalbau der Isabella Clara Eugenia

Als Isabella Clara Eugenia, Prinzessin von Spanien und Tochter König Philipps II., 1598 den österreichischen Erzherzog Albert heiratete, erhielten sie und ihr Ehemann ein Hochzeitsgeschenk, über das sie sich nicht vorbehaltlos freuen konnten. Philipp II. übertrug den beiden die „Spanischen Niederlande", zu denen auch das ehemalige Herzogtum Geldern gehörte. Zu der Zeit wütete noch der Achtzigjährige Krieg der Niederländer gegen die Spanier, in dem die rebellierenden Provinzen sich immer wieder gegen die spanische Schreckensherrschaft auflehnten. Auch das ehemals blühende reiche Herzogtum Geldern hatte unter den kriegerischen Handlungen gelitten und stellte nicht gerade ein fürstliches Brautgeschenk dar. Isabella Clara Eugenia und Albert bemühten sich, ihren neuen Untertanen mit Güte und Entgegenkommen zu begegnen. Aber sie blieben bis auf einen kurzen Waffenstillstand zwischen den Jahren 1609 und 1621 ohne Erfolg. 1621 starb Albert, und da die Ehe ohne Erben geblieben war, fiel das Gebiet wieder an Spanien zurück, mit Isabella als Vertreterin der spanischen Krone.

Die Zeit des Waffenstillstandes hatten die niederländischen Provinzen dazu genutzt, ihre Wirtschaft wieder voranzutreiben, was ihnen auch, u. a. in ihren überseeischen Gebieten, zunehmend gelang. Dieser Fortschritt war den Spaniern natürlich ein Dorn im Auge und sie dachten über Maßnahmen nach, die Niederlande von den wichtigen Wegen zu ihren Handelspartnern im Rheinland und vor allem vom Rhein als Handelsweg abzuschneiden. So beschlossen sie den Bau eines Kanals, der von Venlo bis Rheinberg führen und damit die Maas und den Rhein verbinden sollte. Außerdem würde dieser Kanal den Spaniern den Nachschubtransport von Truppen und Militärgerät an den Rhein möglich machen. Der Zugang zum Rhein von der Nordsee aus war ihnen verwehrt: Die Mündungsarme des Flusses waren fest in niederländischer Hand. Der geplante Bau sollte also ein Wirtschaftsboykott einerseits und ein militärischer Schachzug andererseits werden.

Am 21. September 1626 wurde mit dem Bau des Kanals begonnen. Er sollte nach der spanischen Statthalterin Isabella Clara Eugenia „Fossa Eugeniana" benannt werden. Isabella war dagegen; nach ihrem Vorschlag sollte der Name „Fossa Sanctae Mariae" heißen – ursprünglich war auch der 7. September, der Tag vor Mariä Geburt, als Baubeginn vorgesehen gewesen. Doch bis heute ist der Name „Fossa Eugeniana" erhalten geblieben. Graf Heinrich van den Bergh, der auch den ersten Spatenstich vor den Toren Rheinbergs getan hatte, übernahm den militärischen Schutz des Bauprojektes. Denn man musste jederzeit mit der Einmischung der Niederländer rechnen, denen der Kanal selbstverständlich ein Dorn im Auge war.

Vom Tag des ersten Spatenstichs berichtet auch Hugo Otto in seinen „Sagen und Überlieferungen vom Niederrhein": „Mit großer Feierlichkeit eröffnete am 21. September 1626 der Statthalter des Oberquartiers Geldern, Graf Heinrich von dem Berg, bei Rheinberg den Bau der Fossa Eugeniana durch die ersten drei Spatenstiche, die er im Namen des Königs Philipp IV. von Spanien, der Generalstatthalterin Isabella Klara Eugenia und des Marquis Spinola machte. Die Spanier planten den Bau dieses Kanals … um den Handel am Niederrhein ohne Berührung Hollands … zur Maas zu leiten, so dass er sich ganz auf spanischem Gebiet abwickelte. In Entfernungen von 20–25 Minuten wurden am Kanal Forts oder Schanzen gebaut, die zum Teil heute noch sichtbar sind. Eine dieser Verteidigungsanlagen war die Doppelschanze an der Lindsfort unfern von Walbeck. Sie liegt auf der Kante des Höhenrückens, der das tiefer gelegene Straelener Veen begrenzt. Im Volksmund wird sie nach dem Ingenieur Hasevoet, die ‚Hasepötchesschanze' genannt. Nach der Überlieferung ist Hasevoet Unternehmer oder Aufse-

Teile der Fossa Eugeniana bei Rheinberg

Touristische Tipps

Der am besten erhaltene Teil der **Fossa Eugeniana** ist zwischen Rheinberg und dem Kamp-Lintforter Ortsteil Kamp zu sehen.

Nach oder vor dem Aufsuchen der Fossa Eugeniana bietet sich ein Besuch von **Kloster Kamp** an (siehe Seite 20).

Vergleichbares in der Region

Napoleon plante nach der Besetzung des Rheinlandes einen Kanal, der von Neuss ausgehend den Rhein mit der Maas verbinden sollte. Reste dieses so genannten „Nordkanals" sind noch in **Neuss** (Wasserschleuse und napoleonisches Wärterhäuschen) sowie in Willich und Herongen zu sehen.

her beim Kanalbau gewesen. Er soll bedeutende Betrügereien verschuldet und die Arbeiter bei der Entlohnung betrogen haben. Zur Strafe muss er deshalb mit seinen Helfershelfern Granviller und Hagedorn zur Nachtzeit in einem von vier feurigen Rossen gezogenen glühenden Wagen an der Fossa entlang auf- und abfahren."

Wie andere Überlieferungen birgt auch diese Wahres und Unwahres. Die Bauarbeiten brachten für die betroffenen Landesbewohner wie auch für die Arbeiter nur Ungemach mit sich. Kein Wunder, dass sie den verhassten Bauleitern den Teufel an den Hals wünschten.

Beendet wurde dieses ehrgeizige Projekt jedoch nicht, ähnlich wie der Nordkanal Napoleons knappe 200 Jahre später. Technische Schwierigkeiten führten dazu, dass der Zeitplan nicht eingehalten werden konnte, die immer wieder angreifenden Niederländer taten das ihre dazu und – last but not least – ging auch noch das Geld aus. Drei Jahre nach Beginn wurde der Bau wieder eingestellt.

Anfahrt

Mit dem Auto: A 57 bis zur Abfahrt Nr. 7 Rheinberg, dann über die B 510 am Kloster Kamp vorbei, danach rechts ab in Richtung Dachsberg

Daten zur Geschichte

1618: Beginn des Dreißigjährigen Krieges

1635: Kroatentruppen General Piccolominis überfallen Kevelaer

1641: Hendrick Busman baut das erste Heiligenhäuschen

1643: Die heutige Kerzenkapelle wird gebaut

1648: Westfälischer Friede

1858: Baubeginn der Marienbasilika

1982: Weihe der Pax-Christi-Kapelle

General Piccolominis Kroaten und die Consolatrix Afflictorum in Kevelaer

Auf der Kroatenstraße in Kevelaer steht, fast ein wenig versteckt, so als müsse man sich seiner schämen, ein steinernes Kreuz. Es erinnert an eine Episode aus dem Dreißigjährigen Krieg. Kevelaer gehörte damals zu den spanisch-katholischen Niederlanden. Die Grenze zum benachbarten protestantischen Kleve verlief östlich vor den Toren der Stadt und zwar etwa da, wo gegen Ende des Jahres 1641 ein gewisser Hendrick Busman ein ganz besonderes Erlebnis haben sollte. Doch bleiben wir zunächst einmal beim Kroatenkreuz. Am 1. August 1635 griffen die Kroatentruppen des Generals Piccolomini den Ort an, der damals zweihundert Einwohner hatte. Die Hälfte wurde niedergemetzelt – von katholischen Truppen wohlgemerkt. Kevelaer sollte später der bekannteste Wallfahrtsort in Westeuropa werden.

„Gegen Ende des Jahres 1641 war es, als der arme Bürger Heinrich Buschmann (gemeint ist Hendrick Busman) aus Geldern, der sich mit seiner Frau durch einen Kleinhandel ernährte, abends von Weeze aus über die Kevelaerer Heide

Kroatenkreuz in Kevelaer

wanderte. Als er an das Hagelkreuz auf der Heide kam, kniete er nieder und betete. Da hörte er eine sanfte Stimme sprechen: Hier sollst Du mir ein Heiligenhaus erbauen." So fing laut Hugo Otto alles an. Warum hat er wohl den Beginn der Wallfahrtsgeschichte Kevelaers in sein Buch „Sagen vom Rhein" aufgenommen? Allerdings ist er da nicht in schlechter Gesellschaft: In einer großen Zahl der älteren Sagensammlungen findet sich die Geschichte um Hendrick Busman wieder.

Busman ging umgehend an den Bau der Kapelle, in die dann nur kurze Zeit später der kleine 7,5 mal 11 Zentimeter große Kupferstich Einzug hielt, der bis heute das Ziel aller Pilgergruppen ist, die nach Kevelaer kommen. Das Bild, welches der Frau von Busman im Traum erschienen war, stellte die damals berühmte Gottesmutter von Luxemburg dar. Sobald das Gnadenbild eingesetzt war, begann der Pilgerstrom und das trotz der Wirren und Schrecklichkeiten des Dreißigjährigen Krieges. Die Kapelle, die Hendrick Busman gebaut hatte, erwies sich rasch als zu klein. So wurde schon 1643 der Grundstein für eine größere Wallfahrtskirche gelegt. Der Bau dieser Kirche, der heutigen Kerzenkapelle, dauerte bis zum 20. November 1645.

1654 umbaute man auch die kleine Kapelle, die Hendrick Busman errichtet hatte, mit der heutigen sechseckigen Gnadenkapelle. Die größte Kirche Kevelaers ist jedoch die Marienbasilika. Sie wurde in den Jahren 1858 bis 1864 von Baumeister Vincenz Statz erbaut. Statz war einer der bedeutendsten Vertreter der Neugotik. Für die Ausmalung des Innern der Kirche wurde 1891 Friedrich Stummel gewonnen, der 1888 schon die Gnadenkapelle ausgestattet hatte.

Wallfahrtskirche Kevelaer – Wallfahrerplaketten

Bereits im 17. Jahrhundert hat Kevelaer andere und zum Teil ältere Wallfahrtsorte wie etwa Marienbaum bei Xanten in den Schatten gestellt. 1842, als die 200-jährige Erinnerungsfeier der Entstehung des Wallfahrtortes begangen wurde, zählte man 200 000 Pilger. Heute strömen Pilgerscharen in Millionenhöhe nach Kevelaer.

Die Wallfahrt nach Kevelaer hat auch in der unterschiedlichsten Art von Literatur ihren Niederschlag gefunden. In Hugo Ottos „Sagen vom Niederrhein" finden sich auch folgende Verse:

> *Steh auf, wir wollen nach Kevelaer,*
> *nimm Buch und Rosenkranz;*
> *die Mutter Gottes heilt dir*
> *dein krankes Herze ganz.*
>
> *Die Mutter Gottes zu Kevelaer*
> *trägt heut ihr bestes Kleid;*
> *heut hat sie viel zu schaffen,*
> *es kommen viel' kranke Leut'.*
>
> *Nach Kevelaer ging mancher auf Krücken,*
> *der jetzo tanzt auf dem Seil,*
> *gar mancher spielt jetzt die Bratsche,*
> *dem dort kein Finger war heil.*

Wer hätte wohl hinter diesen Versen den Spötter Heinrich Heine vermutet? Nun ja, in der mittleren Strophe konnte er das Spötteln auch nicht lassen! Hier ist nur ein Teil des Gedichtes wiedergegeben. Wer es gerne ganz lesen möchte, der sei an Heines „Buch der Lieder" verwiesen.

Information

Wirtschaftsförderungsgesellschaft der Stadt Kevelaer, Venloer Str. 33, 47623 Kevelaer, Telefon: 02832/95370, Internet: www.kevelaer.de

Verkehrsbüro Kevelaer, Peter-Plümpe-Platz 12, 47623 Kevelaer, Telefon: 02832/122151

Touristische Tipps

Die Wallfahrtssaison in Kevelaer beginnt am 1. Mai und endet am 1. November. Aber vielleicht lohnt sich ein Besuch ja auch gerade während der etwas stilleren Zeit.

Niederrheinisches Museum für Kultur und Volksgeschichte, Hauptstr. 18, 47623 Kevelaer, Telefon: 02832/95410, Öffnungszeiten: täglich außer montags von 10.00 bis 17.00 Uhr

Vergleichbares in der Region

Wallfahrtsorte am nördlichen Niederrhein (Auswahl): Kranenburg, Marienbaum (ältester Wallfahrtsort der Region)

Anfahrt

Mit dem Auto: A 57 bis zur Ausfahrt Nr. 5 Sonsbeck, rechts in Richtung Kevelaer, nach der Durchfahrt Winnekendonk gelangt man direkt ins Zentrum von Kevelaer.

Mit öffentlichen Verkehrsmitteln: von Düsseldorf, Krefeld oder Kleve bis Kevelaer Bahnhof mit dem Niersexpress

Daten zur Geschichte

1409 – 1450: Bau der Kirche St. Nicolai

1436 – 1445: Bau des Kalkarer Rathauses

1597: Die Pest bricht zum ersten Mal aus

1598: Eroberung durch die Spanier

1599: Die Pest bricht ein zweites Mal aus

1614: Die Niederländer unter Moritz von Nassau besetzen Kalkar

1635: Die Kroaten plündern die Stadt

1636: Die Pest bricht ein drittes Mal aus

1640: Die Hessen besetzen und plündern die Stadt

Wie die Kalkarer Bürger ihre größten Schätze bewahrten

Wer heute durch die Straßen Kalkars spaziert, der kann sich kaum vorstellen, dass diese Stadt einmal ein blühendes wirtschaftliches Zentrum am Niederrhein war. Um 1500 hatte die Stadt 3000 Einwohner. Innerhalb von nur 80 Jahren stieg diese Zahl auf 5000. Wovon lebten die Bürger der Stadt damals? Die erste nicht zu unterschätzende Einnahmequelle bestand in den zahlreichen Brauereien: Im Jahr 1502 gab es vierzig Braulizenzen. Vor den Toren der Stadt wurden damals viele Schafe gehalten. Daraus ergaben sich wiederum zahlreiche Wollwebereien. Wolle und Stoffe waren über die Grenzen Kalkars bekannt.

Den erworbenen Wohlstand haben die damaligen Kalkarer Bürger in großartige Bauten und weltberühmte Kunstgegenstände umgesetzt. Dafür müssen wir ihnen heute noch dankbar sein. Bei der Fülle an Bauwerken und Exponaten, die hier anzutreffen sind, weiß der Besucher kaum, wo er in Kalkar beginnen soll. Wenn er nachmittags oder sonntags hier eintrifft, wird ihn jedoch sein erster Weg zur Kirche St. Nicolai in der Nähe des Marktes führen, die den größten Schatz Kalkars birgt: Die kostbaren Schnitzaltäre, die Kalkar weltberühmt gemacht haben. Dabei ist es gar nicht so selbstverständlich, dass wir diese Altäre heute noch sehen können. Im Jahr 1640 fielen die Hessen plündernd und zerstörend in die Stadt ein. Da sie während des Dreißigjährigen Krieges auf der Seite der protestantischen Partei standen, war ihnen offensichtlich alles Katholische verhasst. Sie vertrieben die Dominikanermönche ebenso wie die Birgitten und Augustianerin-

Das Rathaus von Kalkar

nen. Auch die reichen Kunstschätze wären beinahe verloren gegangen, wenn nicht die Kalkarer Bürger ihre Altäre und andere Kunstgegenstände mit 600 Talern freigekauft hätten.

Als Kalkar Anfang des 19. Jahrhunderts von den Franzosen besetzt wurde, mussten die Bürger ihre Altäre ein zweites Mal auslösen. Es sind auch nicht alle der ursprünglich fünfzehn Altäre erhalten geblieben. Nachdem man das eine oder andere Kunstwerk verkaufen musste, um Geld für die Renovierungsarbeiten an der Kirche bereitstellen zu können, blieben nur noch acht Altäre übrig. Dennoch birgt keine andere Kirche im Rheinland derartige Kunstschätze.

Im Jahr 1508 hatte der Maler Jan Joest aus Wesel den Auftrag erfüllt, die Altarflügel des Hochaltars zu gestalten. Seine Arbeiten, zwanzig Szenen aus dem Leben Jesu, fallen besonders auf, weil er das Geschehen um Jesus in seine eigene Zeit verlegt hat. In der „Erweckung des Lazarus" tragen die dargestellten Menschen nicht nur die Kleidung des späten Mittelalters – die Erweckungsszene

Alte Bürgerhäuser in Kalkar

„spielt" auch auf dem Kalkarer Marktplatz. In der oberen Mitte ist die Gerichtslinde zu erkennen – so finden wir sie beinahe heute noch auf dem Kalkarer Markt – und im Bildhintergrund steht das Rathaus. Ein Fotograf, hätte es diesen damals schon gegeben, hätte die Szene nicht besser einfangen können. Scheinbar hat es ihm auch nicht an Einfühlungsvermögen gefehlt. Drei der umstehenden Personen halten sich ganz offensichtlich ein Tuch vor die Nase: Der Körper des toten Lazarus ist offensichtlich schon in die Verwesung übergegangen.

Wenn wir vor dem Kalkarer Rathaus stehen, treffen wir wieder auf ein Werk des Baumeisters Johann Wyrenbergh, der uns schon als Erbauer der Schwanenburg in Kleve (1440–1148) begegnet ist und in den Jahren 1409 bis 1450 die Kirche St. Nicolai erbaut hat. Das Rathaus entstand dann „so zwischendurch" in den Jahren 1436 bis 1445 und wurde ein Vorbild u. a. für die Rathäuser in Rees und Rheinberg. Johann Wyrenbergh bewies hier, dass man wohl auch schon im Mittelalter „auf mehreren Baustellen gleichzeitig arbeiten" konnte.

Kalkars wirtschaftlicher Wohlstand ging gegen Ende des 16. und im Laufe des 17. Jahrhunderts stark zurück. Schuld daran war zum einen die Zeit der großen Kriege.

Kalkar wurde mehrfach von den unterschiedlichen Kriegsparteien heimgesucht. Beinahe noch schrecklicher wütete jedoch der „Schwarze Tod" in der Stadt. Dreimal brach die Pest aus und verursachte den Tod von über 3500 Menschen. In der Zeit von 1580 bis zum Ende des Dreißigjährigen Krieges sank die Zahl der Einwohner von 5000 auf 3000.

773 Jahre nach seiner Gründung hat Kalkar etwa 14 000 Einwohner und gehört mit seinen Kunstschätzen zu den schönsten Orten am Niederrhein.

Information

Stadt Kalkar, Fremdenverkehr, Markt 20, 47546 Kalkar, Telefon: 02824/13120, Internet: www.kalkar.de

Touristische Tipps

Städtisches Museum Kalkar, Hanselaerstr. 5, 47546 Kalkar, Telefon: 02824/13118, Öffnungszeiten: täglich von 10.00 bis 13.00 Uhr und von 14.00 bis 17.00 Uhr

Freizeitpark „Kernwasser Wunderland" (im ehemaligen „Schnellen Brüter"), Griether Str. 110, 47546 Kalkar, Telefon: 02824/9100, Öffnungszeiten: montags bis sonntags 10.00 bis 18.00 Uhr

Kalkarer Mühle mit Restaurant (hier wird wieder Bier gebraut!), Mühlenstege 8, 47546 Kalkar, Telefon: 02824/93230

Bedburg-Hau: Schloss Moyland (siehe Seite 70)

Anfahrt

Mit dem Auto: A 57 bis Abfahrt Nr. 3 Goch, dann über die B 67 nach Kalkar

Mit öffentlichen Verkehrsmitteln: von Duisburg Hbf mit dem Niederrheinexpress bis Xanten Bahnhof, von dort mit der Buslinie 42 oder 44 nach Kalkar

Das Ende von „Le fameux fort de Schenkenschanz"

In dem grünen Revier der Schenkenschanz habe ich immer mit Vergnügen geweilt. Besonders gern an einem schönen Sommermorgen, wenn wolkenlos und hochgespannt der Himmel über der Ebene blaute und prall und blendend das Sonnenlicht von den flimmernden Wellen des leise rauschenden Stromes widerspiegelte. Nicht minder an schönen Lenz- und Herbstnachmittagen. Nirgendwo auf niederrheinischer Ebene schauest du farbenprächtigere Sonnenuntergänge! Mag der niedersinkende Glutball die Kuppen der Wolkenburgen wie schimmernde Schneefirnen der Hochalpen erglänzen lassen oder hinter Riesenwolken schwebend und ihre getürmten, geballten, geschichteten Massen mit Goldrändern säumend in strahlendem Feuer den Horizont berühren. Übergossen von bläulichem Schimmer liegen dann in weichen Linien die Hügelhöhen diesseits und jenseits des Stromes im Abendschein da, und von ihren Kuppen heben sich scharfgeschnitten die Turmsilhouetten der Clever Schwanenburg und der altersgrauen Vituskirche auf dem Eltenberg ab."

Der Chronist Dr. G. Leibold, der diese fast romantischen Zeilen 1906 im „Clever Kreisblatt" schrieb, hat bei aller gefühlvollen Wortwahl nicht übertrieben. Schenkenschanz ist, obwohl sein Ruhm längst untergegangen ist, immer noch ein ganz besonderer Ort mit außergewöhnlichen Stimmungen. Er ist gewiss eines der „leiseren" Ziele am nördlichen Niederrhein. Aber dennoch lohnt sich ein Besuch der ehemaligen Feste, die im Zeitalter der großen Kriege von allen Beteiligten heiß umkämpft war. „Le fameux fort de Schenkenschanz" heißt sie heute noch in den französischen Geschichtsbüchern. „De sleutel van den hollandschen tuin" haben die Niederländer sie damals genannt.

Untrennbar mit Schenkenschanz ist der Name des Erbauers der ehemaligen Festung verbunden: Martin Schenk von Nideggen. Er war ein Haudegen, von altem Schrot und Korn, dem keine kriegerische Unternehmung als unmöglich schien und der auch vor Raubzügen nicht zurückschreckte. Verfolgt man seine Biografie, gewinnt man den Eindruck, dass er seinen Lebensinhalt im Kriegführen suchte und offensichtlich auch fand. Um das so machen zu können, verhielt er sich wie die meisten Soldaten in den schlimmen Zeiten des 16. und 17. Jahrhunderts: Er kämpfte da, wo die finanzielle Unterstützung und der zu erwartende Ruhm am größten waren. 1579 war Martin

Die evangelische Kirche von Schenkenschanz

Altes Pastorat in Schenkenschanz

Touristische Tipps

Wer nach der Ruhe im heutigen **Schenkenschanz** wieder etwas mehr „Leben" möchte, dem sei der Besuch vom nahe gelegenen Kleve empfohlen.

Vergleichbares in der Region

Die **Feste Zons** bei Dormagen war nicht nur die Zollstätte der Kölner Erzbischöfe, sondern auch eine der wenigen mittelalterlichen Städte, die nicht geschliffen wurde.

Schenk von Nideggen in die Dienste der spanischen Krone getreten. Er versprach sich davon, seinen Besitz, Schloss Blijenbeck, zu sichern, ja ihn sogar noch um das Gebiet von Well an der Maas zu erweitern. Danach spekulierte er auf die Statthalterschaft von Groningen. Doch den Spaniern war sein zum großen Teil selbstständiges Handeln nicht recht, und so sah sich Martin Schenk von Nideggen nach einem passenderen Verbündeten um.

Die jungen niederländischen Generalstaaten unter Wilhelm von Oranien hatten 1585 Kontakt zu Martin Schenk von Nideggen aufgenommen. Nur allzu willig lief dieser in deren Dienste über – gegen die Spanier natürlich. Im April des Jahres 1586 traf in Gestalt des Grafen Robert Dudley von Leicester – wir kennen ihn aus Friedrich Schillers „Maria Stuart" – zusätzliche Unterstützung für die Generalstaaten ein. Graf Leicester und Martin Schenk von Nideggen schienen sich sehr gut zu verstehen. Schenk begeisterte den englischen Grafen erfolgreich für den Bau einer Festung und zwar da, wo heute Schenkenschanz liegt. Damals war diese Stelle ein außerordentlich wichtiger strategischer Punkt: Man hatte die Schifffahrt auf Rhein und Waal im Griff und konnte anrückende Gegner frühzeitig erspähen.

Fähre von Düffelward nach Schenkenschanz

Graf Leicester war begeistert, und Martin Schenk von Nideggen begann im Mai 1586 mit dem Bau der Festung. Sie wurde noch im selben Jahr fertig und trägt seitdem den Namen ihres Erbauers.

Beide, die Feste und ihr Erbauer, fanden kein gutes Ende. Martin Schenk von Nideggen ertrank 1589 bei Nimwegen, das er eigentlich erstürmen wollte. Die Nimweger zogen seine Leiche aus dem Wasser und köpften und vierteilten diese nachträglich noch. Die Feste wurde 1672 von Sonnenkönig Ludwig XIV. erobert, der daheim ein großes Spektakel um eine verhältnismäßig kleine Sache machte; denn die Gegenwehr von Schenkenschanz war nur gering. 1679 ließ Friedrich Wilhelm, der Große Kurfürst, dem Schenkenschanz jetzt gehörte, die Feste schleifen, auf dass kein militärischer Gegner noch Lust auf eine Eroberung derselben verspüren konnte.

Anfahrt

Schenkenschanz erreicht man mit dem Auto, von Kleve kommend, indem man bei Griethausen den Altrhein auf einer Brücke überquert oder die Fähre bei Düffelward nimmt.

Daten zur Geschichte

1618: Beginn des Dreißigjährigen Krieges

1627: Luise Henriette von Oranien wird in Den Haag geboren

1646: Heirat von Luise Henriette und Friedrich Wilhelm Kurfürst von Brandenburg

1667: Luise Henriette stirbt

1701: Kurfürst Friedrich III. von Brandenburg wird König von Preußen

1904: Kaiser Wilhelm II. stiftet den Moersern das Denkmal der Prinzessin Luise Henriette

Luise Henriette und wie Moers zu Preußen kam

Das Denkmal der Prinzessin Luise Henriette, das vor dem Hauptportal des Schlosses in Moers steht, hat Kaiser Wilhelm II. der Stadt gestiftet. Es wurde 1904 von Heinrich Baucke entworfen, von dem auch das Standbild Friedrich I. auf dem Neumarkt stammt. Am 27. November 1627 wurde Luise Henriette in Den Haag geboren. Sie war das zweite Kind von Friedrich Heinrich von Oranien und Amalie von Solms-Braunfels. Friedrich Heinrich war der jüngere Bruder von Moritz von Oranien, der Moers von den Spaniern befreit hatte und durch das Testament der Gräfin Walpurgis von Moers erster oranischer Graf von Moers wurde.

1634 traf Luise Henriette ihren späteren Mann zum ersten Mal. Kurprinz Friedrich Wilhelm war damals gerade vierzehn Jahre alt und sollte sich in Holland seiner Ausbildung widmen. Er studierte in Leiden und lernte so nebenbei anlässlich der Belagerung von Breda bei seinem Großonkel Friedrich Heinrich das Kriegshandwerk. Mit Luise Henriette hatte er damals noch nichts im Sinn. Nachdem sein Vater gestorben war, musste er – kaum 20-jährig – die Regierungsgeschäfte übernehmen. Friedrich Heinrich spielte zunächst mit dem Gedanken, Christine, die Tochter des schwedischen Königs Gustav Adolf, zu heiraten. Er verwarf diesen Gedanken wieder und schickte seinen Oberkämmerer nach Den Haag, um beim Vater von Luise Henriette um die Hand seiner Tochter anzuhalten. Ein Chronist beschreibt die Hochzeitsverhandlungen wie folgt: „Die Verhandlungen kamen schnell zum Ziel. Es wurde festgesetzt, daß der Brautvater 120 000 Taler zahlen und seine Tochter mit so viel Schmuck versehen sollte, wie einer Kurfürstin von Brandenburg gebühret und sie damit in Ehren bestehen kann. Von dem Bräutigam sollte sie jährlich 2000 Taler Handpfennig und ebensoviel für ihre Kleidung erhalten."

Am 27. November 1646 heiratete Prinzessin Luise Henriette, gerade 19-jährig, Friedrich Wilhelm von Brandenburg und wurde damit Kurfürstin von Brandenburg. Ein Zeitgenosse beschrieb sie folgendermaßen: „Ihre Schönheit bedurfte keiner Nachhilfe, sie war von Natur weiß und zart und blond von Haaren, sie hatte ein sehr schönes Gesicht, ein erhabenes, liebes, herzgewinnendes Auge, ein zierliches, volles Ebenmaß der Glieder, der ganze Anstand war grazienmäßig und doch dabei majestätisch. Selbst unter tausend Jungfrauen gemischt, mußte man in ihr mit einem Blicke die Fürstin erkennen." Diese ausufernde Begeisterung des Zeitgenossen gibt es auch beinahe heute noch: Manche Moerser behaupten, dass Luise Henriette die schönste Frau von Moers ist!

Denkmal der Luise Henriette vor dem Schloss in Moers

Historische Häuserfassaden in Moers am Altmarkt

Luise Henriette soll anfangs nur ungern dieser Ehe zugestimmt haben, die dann jedoch zwanzig Jahre dauerte und sehr glücklich gewesen sein soll. Kurfürst Friedrich Wilhelm hatte einmal bekannt, „es sei ihm niemals etwas misslungen, wenn er ihrem Rate gefolgt sei". Als Luise Henriette 1667 sehr krank wurde, machte sie ihr Testament, das folgenden Nachsatz hatte: „Meine Danksagung an meinen lieben Herrn und Gemahl will auch hiermit wiederholet und bis zu dem letzten Atem meines Lebens bezeuget haben und bekenne nochmals, daß ich die Treue, so Seine Liebden mir bezeuget haben, nimmermehr genugsam rühmen noch vergelten kann." Am 18. Juni 1667, zwischen 6 und 7 Uhr, starb Luise Henriette, Kurfürstin von Brandenburg.

Ihr Sohn Friedrich, welcher der erste König von Preußen wurde, machte 1702 seine Ansprüche auf die Grafschaft Moers geltend. Doch erst 1712 gelang es den Preußen, die Niederländer aus der Stadt zu vertreiben. Die Moerser Bürger wehrten sich lange gegen die Zugehörigkeit zu Preußen. Vielleicht ließen die neuen Landesherren deswegen um 1763 die Festungsanlagen der Stadt schleifen. Bis zum Beginn des 20. Jahrhunderts jedoch besserten sich die Beziehungen zueinander, denn die Moerser feierten 1902 den 200. Jahrestag der Zugehörigkeit zu Preußen ganz groß. Sogar Wilhelm II., Kaiser aller Deutschen, war am Jubiläumstag zu Gast in Moers, als auf dem Neumarkt das Denkmal des ersten Preußenkönigs enthüllt wurde.

Der Geschichtsbrunnen vor der Sparkasse zeigt Personen in Trachten und Uniformen aus verschiedenen geschichtlichen Epochen – auch Preußen ist hier vertreten

Information

Stadtinformation Moers, Unterwallstr. 9 (Altes Rathaus), 47441 Moers, Telefon: 02841/201351, Internet: www.stadt-moers.de

Touristische Tipps

Grafschafter Museum im Schloss, 47441 Moers, Telefon: 02841/28094, Öffnungszeiten: dienstags bis freitags 9.00 bis 18.00 Uhr, samstags und sonntags 11.00 bis 18.00 Uhr

Peschkenhaus, Meerstr. 1, 47441 Moers Das Peschkenhaus ist das älteste Bürgerhaus der Stadt – mit seiner ältesten Bausubstanz stammt es aus dem späten 15. Jahrhundert. Die Galerie Peschkenhaus mit ihren wechselnden Ausstellungen hat die Öffnungszeiten: freitags 16.00 bis 19.00 Uhr, samstags und sonntags 11.00 bis 17.00 Uhr

Weitere Sehenswürdigkeiten in Moers: Schlosspark (um 1836 angelegt nach den Plänen von Maximilian Weyhe), der Neumarkt (Denkmal Friedrich I.) sowie der Altmarkt (Preußendenkmal und historische Häuserfassaden)

Vergleichbares in der Region

Preußen-Museum in Wesel (siehe Seite 44)

Anfahrt

Mit dem Auto: A 57 bis zur Abfahrt Nr. 10 Moerser Kreuz oder A 40 bis zur Abfahrt Nr. 9 Moers-Zentrum

Mit öffentlichen Verkehrsmitteln: ab Duisburg Hbf mit dem Bus SB 30

Jan Wellem und Anna Maria Luisa Medici

Wenn einer der weltlichen Herrscher am Niederrhein die Bezeichnung „Barockfürst" verdient, dann ist das Herzog Johann Wilhelm II. von Pfalz-Neuburg, der spätere Kurfürst von der Pfalz, der bis Anfang des 18. Jahrhunderts in der heutigen Landeshauptstadt Düsseldorf residierte. An seiner Seite, als seine zweite Frau, war eine ebenso eindeutige „Barockfürstin", nämlich Anna Maria Luisa Medici, die Johann Wilhelm 1691 heiratete. Anna Maria Luisa war eine der besten Partien auf dem europäischen Heiratsmarkt, denn der Einfluss der Familie Medici in Europa war ungebrochen. Ihr Vater, Großherzog Cosimo III., hatte seiner Tochter den Mann ausgesucht. Auch der verwitwete Johann Wilhelm war kein unbedeutender Mann.

Als Kurfürst von der Pfalz rangierte er direkt hinter dem Kaiser und agierte, wenn der Kaiser starb, bis zur Wahl eines Nachfolgers als Reichsverwalter.

Ein Zeitgenosse beschreibt Anna Maria Luisa folgendermaßen: „Ihre Augen sprühen voller Leben und Esprit. Sie schreitet sehr graziös, manchmal vielleicht ein wenig hochmütig. Auch tanzt sie sehr gut, reitet wie ein Mann und ist bei der Jagd so treffsicher, daß sie es mit jedem aufnehmen kann. Sie ist kerngesund und von großer Ausdauer. Sie ist geistreich, liebt die Literatur und ist sehr musikalisch. Neben dem Lateinischen beherrscht sie auch mehrere moderne Sprachen."

Wenn man bedenkt, dass es bei der Heirat zwischen Anna Maria Luisa und Johann Wilhelm mehr oder minder um eine Zweckverbindung ging, so hatte zumindest Johann Wilhelm kein schlechtes Los gezogen.

Aber auch Anna Maria Luisa fühlte sich glücklich bei Johann Wilhelm in Düsseldorf. Ihr Vater Cosimo III. und ihre Mutter Margarete Louise von Orléans verstanden sich nicht auf das Beste. Auch das Verhältnis zu ihrem Bruder Gian Gastone war nicht besonders gut. Bei Johann Wilhelm in Düsseldorf traf sie auf einen Mann, der die gleichen Interessen hatte wie sie. Beide ritten gerne gemein-

*Alter Schlossturm
an der Rheinpromenade*

sam aus, beide gaben sich gerne Musik und Tanz hin. Von größerer Bedeutung war allerdings die gemeinsame Sammelleidenschaft von Kunstgegenständen. Johann Wilhelm ließ nach 1709 neben dem Stadtschloss eine Galerie erbauen. Diese Gemäldegalerie war in ihrer Zeit so berühmt, dass es sich auch Johann Wolfgang von Goethe nicht hat nehmen lassen, ihr einen Besuch abzustatten.

Zu Johann Wilhelms Selbstverständnis als feudaler Landesherr gehörte auch die immense Bautätigkeit, die er während seiner Regierungszeit in Gang setzte. Seine Residenzstadt sollte am Abend nicht im Dunkeln liegen. Daher führte Johann Wilhelm um 1700 die Straßenbeleuchtung ein, die sich selbstverständlich besonders um sein Schloss herum konzentrierte. Schon zu Lebzeiten ließ er sich ein Denkmal bauen. Gabriel de Grupello goss eines der schönsten Reiterstandbilder seiner Zeit, das sich durchaus mit dem Reiterdenkmal des Großen Kurfürsten in Berlin messen kann. Das Standbild von Jan Wellem, wie die Düsseldorfer auch heute noch ihren Kurfürsten nennen, steht auf dem Marktplatz vor dem Alten Rathaus.

Die Düsseldorfer liebten ihren Kurfürsten heiß und innig. Dementsprechend viele Sagen entstanden damals um seine Person. Eine der schönsten beschäftigte sich auch mit dem Standbild Jan Wellems: „Der Guss des Reiterstandbildes des Herzogs Johann Wilhelm war bereits einmal verunglückt, und man zweifelte sehr, ob der Guss das zweite Mal gelingen würde. Schon war das Erz in die Form gelassen und diese nach der Meinung des Meisters Grupello vollständig gefüllt, als der Lehrling erklärte, sie sei noch nicht ganz gefüllt. Sogleich begann er bei den Zuschauern Metall zu sammeln und erhielt von einigen sogar Ringe und anderen Schmuck. In seiner Schürze nahm er dies alles entgegen und warf es trotz des Meisters Zorn in den Schmelzkessel. Ergrimmt wollte jener den Lehrjungen misshandeln, weil dieser den Guss verdorben hatte. Als man aber die Form öffnete, war der Guss ganz so, wie er sein sollte. Da erkannte man deutlich, dass ohne des Jungen Zutat der Guss wiederum verunglückt wäre. Zum Dank fertigte Meister Grupello später noch eine Statue an, die den Gießerjungen zeigt, wie er das Metall in seiner Schürze sammelt. Diese Statue soll der Meister Grupello am Dach des Hauses angebracht haben, das ihm der Kurfürst für das schöne Denkmal schenkte."

Schloss Benrath

Information

Verkehrsverein der Stadt Düsseldorf, Immermannhof 65b (Hauptbahnhof), 40210 Düsseldorf, Telefon: 0211/172020,
E-Mail: infovvd@t-online.de

Touristische Tipps

Bummel an der **Rheinpromenade** mit Blick auf den alten Schlossturm

In der Zollstraße steht vor dem ehemaligen **Haus von Gabriel de Grupello** der 1932 angefertigte Nachguss des „kleinen Gießerjungen".

Besuch des **Hofgartens mit Schloss Jägerhof** und dem darin befindlichen **Goethe-Museum**

Reiterstandbild des Jan Wellem

Anfahrt

Mit dem Auto: über die Oberkasseler Brücke am Hofgarten vorbei bis zur Altstadt

Mit öffentlichen Verkehrsmittel: Ab Düsseldorf Hbf können alle Sehenswürdigkeiten gut mit U-Bahn, S-Bahn, Bus oder Straßenbahn erreicht werden.

Daten zur Geschichte

Schön-Käthchen und ihr Kurfürst

Sogar wenn man an einem Sommertag und dazu noch sonntags das Schlösschen Borghees, wie es liebevoll genannt wird, nordwestlich von Emmerich besucht, trifft man nicht gerade auf große Besucherströme. Wenn die Eingangstür des Schlosses geöffnet ist, wartet eine der kleinen Ausstellungen, die des Öfteren hier veranstaltet werden, auf Besucher. Hinter dem Schloss warten zwei Stuten, die mit Fohlen im Schatten liegen, wahrscheinlich darauf, dass die wenigen Besu-

Schlösschen Borghees

cher verschwinden und die himmlische Ruhe wieder einkehrt, die das Schloss meistens umgibt.

Die ältere Historie von Borghees ist nur unsicher belegt. Möglicherweise wurde im 14. Jahrhundert hier eine Wasserburg errichtet. Uns interessiert aber auch die neuere Geschichte mehr, vielleicht gerade, weil sie etwas schlüpfrig ist. Kurfürst Friedrich III. von Brandenburg, der spätere König Friedrich I. von Preußen, war im Dezember 1691 zu einer Inspektionsreise in seine niederrheinischen Lande aufgebrochen. Er übernachtete in Emmerich und wollte am nächsten Tag nach Kleve reisen, wahrscheinlich, weil es in Emmerich nur einen Gasthof gab, aber in Kleve immerhin die Schwanenburg. Da hatte er allerdings die Rechnung ohne den Wirt gemacht oder besser ohne des Wirtes Töchterlein. Der Wirt Christoffel Rickers, dem das Gasthaus „Onder de Poort" gehörte, in welchem Friedrich III. abgestiegen war, hatte nicht nur als kurbrandenburgischer Weinbestellmeister einen guten Tropfen zu bieten, sondern vor allem auch noch eine bildhübsche Kellnerin: seine Tochter Katharina. Friedrich, der als typisch barocker Fürst dem weiblichen Geschlecht auch über seine Gattinnen hinaus zugeneigt war, konnte nicht widerstehen. Sein Aufenthalt dauerte bis Februar. So begann ein „Klüngel", über den sich dann schon bald alle die Mäuler zerrissen. Damals gab es noch keine Klatschspalten, man schrieb vielmehr Spottgedichte:

So hupft sie durch Preußens Betten,
Tanzt' im Berliner Schloss.
Abends saß sie, willst du wetten,
Auf des Fürsten breitem Schoß.

Auch in Emm'rich wollt' sie zeigen,
Dass sie war 'ne Baroness',
Und watt Feines hat zu eigen,
So entstand datt Haus Borghees.

Friedrich III. nahm Katharina mit nach Berlin und sorgte dafür, dass sie zweimal ältere Männer heiratete, die wohl nichts dagegen hatten, dass ihre Frau öfter in des Fürsten Bett nächtigte als in dem ehelichen. Katharina war kein Kind von Traurigkeit und sorgte dafür, dass sie die Gunst des Kurfürsten in bare Münze umsetzen konnte. So wurde sie Reichsgräfin Katharina von Wartenberg. Die Kinder, die aus der Verbindung mit Friedrich stammten, wurden selbstverständlich Baron und Baronin von Ansbach.

Als der zweite Mann Katharinas, Graf von Wartenberg, aus Friedrichs Diensten – dieser hatte sich gerade zum ersten preußischen König gekrönt – entlassen wurde, musste Katharina mit ihm gehen, sehr zu des Königs Leidwesen: „Mit dieser Frau verlässt mich mein Leben." Katharinas Mann starb 1712, Friedrich I. von Preußen 1713. Doch wer meint, dass jetzt auch für Katharina die ruhigeren Tage gekommen seien, irrt. Sie, die aus allen Affären als reiche Frau gekommen war, machte jetzt die Pariser Betten unsicher. Liselotte von der Pfalz schreibt in einem ihrer berühmten Briefe: „Die Gräfin Wartenberg hat sich mit dem jungen Minkwitz, einem Sachsen, verlobt, der hat ihr die Juwelen gestohlen und ist damit durchgegangen. Sie hat darüber vor Gericht geklagt und hat ihn wieder aus Flandern kommen lassen, wohin er retirieret." Der Ruf von Katharina war auch in Paris bald dahin. Sie soll sich 1720 nach Den Haag abgesetzt haben und dort 1734 gestorben sein.

Das Schlösschen Borghees gehörte bis 1804 der Familie Rickers, die selbstverständlich auch aus Katharinas Liaison mit Friedrich profitiert und das Gut Borghees 1678 gekauft hatte. Katharinas Vater ließ auf dem Gebiet des Gutes das heutige Schloss Borghees bauen. Katharina erbte den Besitz und wohnte immer dann dort, wenn sie in Emmerich war. Das Schloss gehört jetzt der Stadt Emmerich, die seine Räumlichkeiten für kulturelle Veranstaltungen und Trauungen nutzt.

Information

Stadtwerbung und Stadtinfo, Grollscher Weg 20, 46446 Emmerich, Telefon: 02822/94140, Internet: www.emmerich.de

Touristische Tipps:

Schlösschen Borghees, Hüthumer Str. 180, 46446 Emmerich, Telefon: 02822/18144

Schloss Moyland (auch hier verbrachten Friedrich und Katharina ihre Schäferstündchen), Am Schloss 4, 47551 Bedburg-Hau

Evangelische Kirche in Emmerich auf dem Geistmarkt: Sie wurde auf Bitten Katharinas mit finanzieller Unterstützung Friedrichs neu gebaut.

Rheinmuseum (Geschichte der Rheinschifffahrt), Martinikirchgang 2, 46446 Emmerich, Telefon: 02822/75400

König Friedrich I. von Preußen
(Moers-Neumarkt)

Anfahrt

Mit dem Auto: A 3 bis zur Abfahrt Nr. 3 Emmerich

Mit öffentlichen Verkehrsmitteln: ICE Köln/Amsterdam hält in Emmerich

Daten zur Geschichte

Preußens Festung an Rhein und Lippe in französischer Hand

Wesel liegt am Zusammenfluß des Rheins und der Lippe, an einem Ort, günstig für die Ausübung der Künste des Friedens wie des Krieges", schrieb Hermann Ewichius 1668 in der „Vesaliae descriptio". Diese exponierte Lage der Stadt ist im Laufe der Geschichte so ziemlich allen aufgefallen, die sich, ausgestattet mit einem „einnehmenden Wesen", in die Nähe von Wesel begaben. Unter holländischer Herrschaft wurde die Stadt dermaßen stark befestigt, dass sie da-

Preußen-Museum Wesel

raufhin nicht mehr „Vesalia hospitalis" sondern „Vesalia fortis" genannt wurde. Im späten 17. Jahrhundert kam Wesel zum ersten Mal in preußischen Besitz. Der Große Kurfürst Friedrich Wilhelm von Brandenburg brachte die Befestigungsanlagen der Stadt auf den neuesten Stand. Karl Emsbach beschreibt das in der Geschichte der Stadt Wesel so: „Zwischen 1680 und 1730 entstand die nach dem Urteil der Zeitgenossen neben Luxemburg wehrhafteste Bastion des ganzen Rheinlandes. Durch ein verwirrendes, wohlausgeklügeltes System von Mauern, Gräben, vorgezogenen Forts und Bastionen, Glacis und Rayons wurde die Stadt förmlich stranguliert und wie ein Igel mit Stacheln bestückt."

Von den Zerstörungen des Zweiten Weltkriegs – 64 Prozent der Stadt fielen den Bomben zum Opfer – blieben die Zitadelle und das Berliner Tor nahezu verschont. Beide Gebäude gehören zu den schönsten und imposantesten Hinterlassenschaften der Preußenkönige. Noch kurz vor seinem Tode hatte der Große Kurfürst den Auftrag zum Bau der Zitadelle gegeben. Unter seinem Sohn Friedrich I. von Preußen wurde sie vollendet. Im linken Flügel der Zitadelle befindet sich seit Herbst 1998 das Preußen-Museum. Es ist einer von zwei Standorten des Museumsprojektes, welches das Land Nordrhein-Westfalen ins Leben gerufen hat. Der zweite Standort befindet sich im westfälischen Minden. Im Weseler Museum wird eindrucksvoll und anschaulich dargestellt, wie das Rheinland im Laufe der Geschichte von den Preußen und ihren „Nachfolgern" geprägt wurde: von der Zeit als „Kleve-Mark brandenburgisch wurde" bis zum „Ende Preußens

Berliner Tor

Information

Stadt Wesel, Amt für Fremdenverkehrsförderung, Klever-Tor-Platz 1, 46483 Wesel, Telefon: 0281/203546, Internet: www.wesel.de

Weseler Verkehrsverein e.V., Großer Markt 11, 46483 Wesel, Telefon: 0281/24498

Touristische Tipps

Preußen-Museum des Landes NRW, An der Zitadelle 6, 46483 Wesel, Telefon: 0281/39960, Öffnungszeiten: dienstags bis sonntags 10.00 bis 17.00 Uhr, donnerstags 10.00 bis 21.00 Uhr

Schillmuseum in der Zitadelle, An der Zitadelle 6, 46483 Wesel, Telefon: 0281/26623, Öffnungszeiten: freitags 10.00 bis 12.00 Uhr und 14.00 bis 16.00 Uhr, samstags 14.00 bis 16.00 Uhr, sonntags 10.00 bis 12.00 Uhr

1918–1945". Die zeitlich anschließende Abteilung „Die Stunde Null? Zusammenbruch und Neubeginn 1945–1947" soll, so schreibt Veit Veltzke im Jahrbuch Kreis Wesel, den Besuchern bewusst machen, „dass ihr Preußenbild entscheidend durch die Instrumentalisierung Preußens im Dritten Reich, die Zäsur 1945 und die anschließende Distanz der Nachkriegszeit geprägt ist".

Auf den Lippewiesen bei Wesel steht ein Denkmal, das an ein preußisches Schicksal während der napoleonischen Zeit erinnert. Am 8. April 1809 machte sich der preußische Major Ferdinand von Schill mit 600 Husaren gegen die Franzosen auf. Ob er eigenmächtig gehandelt hat oder einen Auftrag von höchster Stelle hatte, ist bis heute nicht eindeutig geklärt. Seine nun folgenden militärischen Erfolge waren hauptsächlich darauf zurückzuführen, dass Napoleon seine Truppen zum Krieg gegen Österreich zusammengezogen und den nördlichen Teil Preußens relativ unbewacht gelassen hatte. Von Schill nahm die Festung Dönitz ein und hatte bei Magdeburg an der Elbe und Damgarten in Pommern weitere Erfolge über die Franzosen. Danach nahm er Stralsund ein und verschanzte sich dort. Napoleon schickte 6000 Mann seiner Armee nach Stralsund, um der „Straßenräuberei" ein Ende zu machen. Am 31. Mai 1809 wurde Schills Truppe nach erbitterten Straßengefechten gestellt. Major Ferdinand von Schill fiel bei den Kämpfen. Zwölf seiner Offiziere brachte man nach Wesel. Nur einer der Offiziere konnte beweisen, dass er gezwungenermaßen an Schills Feldzug teilgenommen hatte. Die elf anderen Offiziere wurden am 16. September 1809 auf den Lippewiesen erschossen. Das Denkmal, das 1834 errichtet wurde, ist von Karl Friedrich Schinkel entworfen worden.

Schill-Gedenkstein auf den Lippewiesen

Anfahrt

Mit dem Auto: A 3 bis zur Abfahrt Nr. 6 Wesel

Mit öffentlichen Verkehrsmitteln: ab Duisburg Hbf mit dem Zug in Richtung Emmerich. Der ICE Köln/Amsterdam hält in Emmerich.

Daten zur Geschichte

1775: James Watt erfindet die Dampfmaschine

1816: Die „Prinz von Oranien" (erstes Dampf-schiff auf dem Rhein) fährt von Rotterdam nach Köln

1829: Die „Hercules" ist der erste Schlepp-dampfer auf dem Rhein

1835: Erste deutsche Eisenbahn von Nürnberg nach Fürth

1873: Die erste „Tauer"-Strecke verläuft von Emmerich bis Ruhrort

1957: In Mainz wird das erste Schubschiff, der „Wasserbüffel", gebaut

Emmerich und die Rheinschifffahrt

Emmerich und die Geschichte der Rheinschifffahrt sind untrennbar miteinander verbunden.

Nachdem sie 1233 die Stadtrechte erhalten hatte, wurde die Stadt gegen Ende des 14. Jahrhunderts in die Hanse aufgenommen. Vermutlich war sie die erste Stadt am Niederrhein, die Zutritt zu diesem wichtigen Wirtschaftsbund erhielt. Kriege im 16. und 17. Jahrhundert brachten die blühende Wirtschaft in Emmerich zunächst zum Erliegen. Schon gegen Ende des 17. Jahrhunderts war die Rheinschifffahrt bei Emmerich wieder in vollem Gange. Es fanden regelmäßig Fahrten zwischen den Städten am Niederrhein und bis nach Köln statt. Auch in die Niederlande bis nach Amsterdam gingen die Fahrten. Die Niederländer waren nicht nur wichtige Handelspartner, sondern auch führend im Schiffbau.

Der erste wichtige Schiffstyp auf dem Rhein war bis ins 17. Jahrhundert hinein die „Kölner Aak". Ein Modell dieses Schiffes ist im Emmericher Schifffahrtsmuseum ausgestellt. Mit der „Aak", die mit einer kompletten Segelvorrichtung ausgestattet war, war auf dem breiten Rhein auch Segeln möglich. Das ging allerdings nur flussabwärts – flussaufwärts musste nach wie vor getreidelt werden. Die „Samoureuse" löste die „Aak" im 17. Jahrhundert ab und wurde das wichtigste und größte Frachtschiff am Niederrhein. Sie erreichte im 18. Jahrhundert eine Ladefähigkeit von 200 Tonnen und mehr und benötigte eine Schiffsbesatzung von sieben bis zehn Personen.

Die Einführung der Dampfschifffahrt brachte wieder Veränderungen mit sich. Es gab zwar auch Erleichterungen, doch die Technik war noch nicht so weit entwickelt, dass Güter einigermaßen rationell transportiert werden konnten: Für die neuen Dampfschiffe waren noch zu viel Kohle und zu viele Arbeitskräfte nötig. Der so genannte „Tauer", ein Schiff, das im letzten Drittel des 19. Jahrhunderts entstand, brachte da einige Verbesserungen. Der „Tauer" zog sich an einem im Flussbett verlegten Kabelseil, das über Führungsräder an den Schiffseiten ablief, stromaufwärts. Erst die durch Schrauben angetriebenen Schleppdampfer brachten einen Fortschritt, der durch die Verwendung von Dieselmotoren ab 1900 noch größer wurde.

Auf dem Rhein gab es viel Arbeit, aber auch an Land hatte man viel zu tun. Alle Schiffe, die Emmerich passieren wollten, mussten einen Halt einlegen. Diese Unterbrechung der Fahrt benötigte der Kapitän, um mit einem

„Poortekerl" an der Rheinpromenade

Boot an Land zu rudern und dort seine Zollformalitäten zu erledigen. Dann kam gleich einer der Gelegenheitsarbeiter, die auf der Uferpromenade nach Arbeit Ausschau hielten, herbei und bot an, gegen ein Trinkgeld auf das Boot aufzupassen. Diese Gelegenheitsarbeiter nannte man auch „Rheinkadetten" oder auf Emmericher Platt „Poortekerls". Die „Poortekerls" verrichteten natürlich auch die schweren Arbeiten des Be- und Entladens und das taten sie für einen sehr geringen Lohn. Nach Feierabend trafen sie sich in ihrer Stammkneipe, der Gaststätte Wemmers, auch „Kräjennest" genannt, und setzten ihren kargen Lohn in Bier und Schnaps um. Trotzdem waren sie Originale, die das Bild der Stadt Emmerich bereicherten. Die Emmericher haben sich dafür nachträglich noch mit einem Denkmal von Heide Friede bei ihren „Poortekerls" bedankt.

Information

Stadtwerbung und Stadtinfo, Grollscher Weg 20, 46446 Emmerich, Telefon: 02822/94140, Internet: www.emmerich.de

Touristische Tipps

Rheinmuseum (größtes Schifffahrtsmuseum am unteren Niederrhein), Martinikirchgang 2, 46446 Emmerich, Telefon: 02822/75400, Öffnungszeiten: sonntags bis mittwochs 10.00 bis 12.30 Uhr und 14.00 bis 16.30 Uhr; donnerstags 10.00 bis 12.30 Uhr und 14.00 bis 18.00 Uhr, freitags 10.00 bis 12.30 Uhr

Vergleichbares in der Region

Museum der Deutschen Binnenschifffahrt in Duisburg (siehe Seite 67)

Pegeluhr am Rheinufer

Ansicht von Emmerich aus dem 17. Jahrhundert

Der Hauptheld der folgenden Geschichte könnte auch ein „Poortekerl" gewesen sein: „Im Jahre 1519 wurde die Stadt Emmerich von dem ehemaligen Seeräuber und Hordenführer Peter, mit dem Beinamen ‚Der Lange', belagert. Die Stadt verdankte ihre Befreiung der Tapferkeit der Bewohner der Baustraße mit einem beherzten Anführer an der Spitze. Ein Mann mit Namen van Weel, ein gewaltiger Kerl, von Kopf bis Fuß bewaffnet, stülpte einen großen eisernen Kessel anstelle eines Helmes über seinen Kopf, nahm eine gewaltige Stange als Spieß in die Hand und stellte sich in diesem Aufzuge auf die Stadtmauer, indem er mit gewaltiger Stimme den Feinden zurief: ‚Kommt nur her, wir werden Euch den Weg schon zeigen!' Mit Entsetzen vernahmen die Belagerer das furchtbare Geschrei und weil sie Riesen in der Stadt vermuteten, gaben sie die Belagerung auf und verschwanden bei Nacht und Nebel." (aus: Karl Heck [Hrsg.]: Es geht eine alte Sage)

Anfahrt

Mit dem Auto: A 3 bis zur Abfahrt Nr. 3 Emmerich

Mit öffentlichen Verkehrsmitteln: ICE Köln/Amsterdam hält in Emmerich

Daten zur Geschichte

Meister Ponzelar und das Stadtschloss der Krefelder Seidenbarone

Die wegen der vielen, sehr wichtigen Seidenfabriken berühmte, in den schönsten Fluren gelegene Stadt Krefeld hat an 800 Häuser. Ich nenne den Namen der niedlichsten, freundlichsten und blühendsten Manufakturstadt, die ich je gesehen. Ihr Anblick macht den Reisenden froh. Das längs der Häuser bunt ausgelegte Straßenpflaster ist sehr rein, die Häuser selbst sind von Backstein in holländischem Geschmack erbaut, sie sind zudem mit Schildern zur bequemeren Unterscheidung versehen. Die Stadt zählt an 7000 Seelen, die meisten Häuser sind von Fabrikanten, Werkgesellen und Lehrburschen bewohnt.

Der Anwachs der Seidenfabriken hat fast alle Linnenfabriken verdrängt und nach dem Jülischen gezogen. In der Stadt und in der Umgegend derselben beschäftigt allein die Familie von der Leyen fast 6000 Menschen."

Zu der Zeit, als Christian Friedrich Meyer diese Zeilen in seinem Reisebericht „Ansichten einer Reise durch das Clevische und einen Teil des Holländischen über Crefeld, Düsseldorf und Elberfeld" veröffentlichte, hatte König Friedrich II. von Preußen der Firma Friedrich & Heinrich von der Leyen das Monopol für die Produktion von Seidenstoffen und Bändern gewährt. Beinahe die Hälfte der Erwerbstätigen war in den von der Leyenschen Manufakturen beschäftigt. An 600 Webstühlen wurde für das Familienunternehmen gearbeitet. Um 1800 konnte sich die Krefelder Seidenproduktion durchaus mit europäischen Konkurrenten in Lyon und Zürich messen.

In dieser Zeit entstand auch das bekannte Herrenhaus der von der Leyens, das von den Krefeldern respektvoll „Schloss" genannt wird. Karl von der Leyen berichtet in den „Familienerinnerungen" von 1889: „Der älteste der drei Brüder, die sämtlich Kommerzienräte wurden, war mein Urgroßvater Conrad. Er erbaute sich 1792 das so genannte ‚Schloß', ein großes, 11 Fenster breites dreistöckiges Gebäude mit einem Säulenvorbau, mit weiten Vorhöfen für Stallungen, Remisen und Küchen, mit großem Zier- und Gemüsegarten nach der Rückseite. Es sollte für ewige Zeit ein Familienhaus sein. Aber das Schloß erwies sich auf die Dauer doch als unpraktisch, für eine Familie zu groß und für mehrere Familien unwohnlich. So blieb es nur bis zum Jahre 1858 im Besitz der Familie." 1860 kaufte die Stadt Krefeld das Schloss, um es als Rathaus zu nutzen.

Neben der Familie von der Leyen gab es auch weitere verdienstvolle Seidenfabrikantenfamilien wie etwa die Familie de Greiff. „Wäewe on jäewe brengt Freud en et Läewe – Weben und geben bringt Freude ins Leben" – diesen Wahlspruch hatte sich offensichtlich auch Cornelius de Greiff auf die Fahne geschrieben. Er gilt als der große Wohltäter der Stadt Krefeld. Über sein soziales Engagement hinaus baute er noch das wunderschöne Haus Greiffenhorst, dessen von Maximilian Friedrich Weyhe nach englischem Vorbild angelegter Park auch heute noch

Stadtschloss der Familie von der Leyen

Seidenweberdenkmal „Meister Ponzelar"

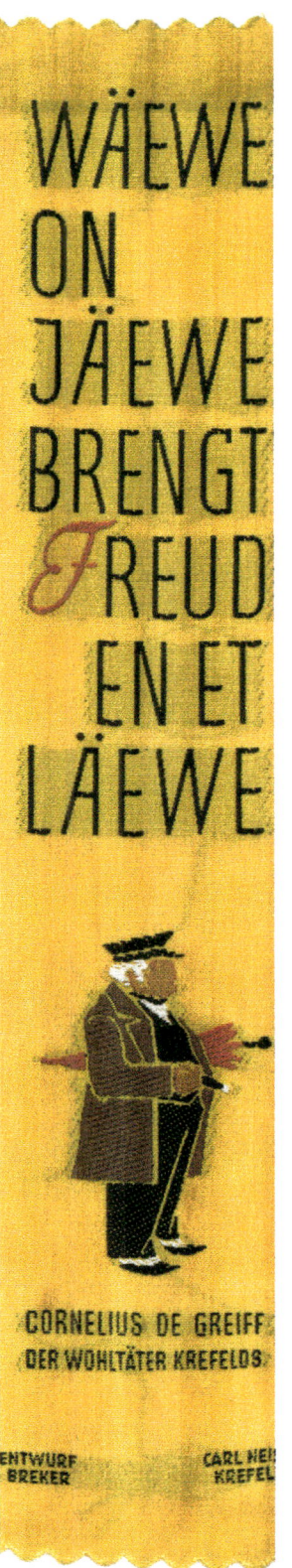

*Lesezeichen
mit Seidenweberspruch*

zu einem beschaulichen Spaziergang einlädt.

An der Ecke Südwall/Ostwall steht das Seidenweberdenkmal „Meister Ponzelar". Es erinnert an die vielen selbstständigen Seidenweber, die ihre Webwerkstatt meist in einem kleinen einstöckigen Wohnhaus hatten und den „großen" Firmen zuarbeiteten. Das Bronzestandbild „Meister Ponzelar" stellt einen dieser Weber dar. Er scheint gerade auf dem Weg zum Kontor eines Fabrikanten zu sein, um den „Lieferbaum" mit der fertigen Ware abzuliefern. In der linken Hand trägt er den Spulenbeutel. Der Name „Ponzelar" stammt aus dem Krefelder Volksmund. In der Glosse einer Krefelder Zeitung unterhielten sich regelmäßig drei erfundene Webmeister mit den ebenso erfundenen Namen „Kleinreddersch", „Ponzelar" und „Steckenbrock" über alle möglichen Ereignisse in der Stadt. So bekam das Bronzestandbild den Namen „Meister Ponzelar".

Der Verschönerungsverein der Stadt Krefeld hat die von Johannes Stiegmann gefertigte Plastik im Jahr 1911 aufstellen lassen, um an die Menschen zu erinnern, die im 19. Jahrhundert Krefelds Straßenbild prägten.

Information

Verkehrs- und Werbeamt, Postfach 2740, 47727 Krefeld, Telefon: 02151/861501, Internet: www.krefeld.de

Touristische Tipps

Deutsches Textilmuseum, Andreasmarkt 8, 47809 Krefeld-Linn, Telefon: 02151/572046, Öffnungszeiten: 1. April bis 31. Oktober dienstags bis samstags 10.00 bis 13.00 Uhr und 15.00 bis 18.00 Uhr, an Sonn- und Feiertagen 10.00 bis 18.00 Uhr. Das Textilmuseum enthält eine umfassende Sammlung von Textilien europäischer und außereuropäischer Herkunft.

Jagdschloss in Krefeld-Linn (mit de-Greiff-Salon und zeitgenössischen Portraits der Seidenfabrikanten), Öffnungszeiten: 1. April bis 31. Oktober dienstags bis sonntags 10.00 bis 18.00 Uhr, 1. November bis 31. März dienstags bis sonntags 11.00 bis 17.00 Uhr

In unmittelbarer Nachbarschaft befindet sich die **Burg Linn**, eine beindruckende **Wasserburg** und eine der stattlichsten und schönsten Burganlagen am Niederrhein.

Landschaftsmuseum des Niederrheins – Burg Linn, Rheinbabenstr. 85, 47809 Krefeld, Telefon: 02151/570036, Öffnungszeiten: 1. April bis 31. Oktober dienstags bis sonntags 10.00 bis 18.00 Uhr, 1. November bis 31. März dienstags bis sonntags 11.00 bis 17.00 Uhr

Anfahrt

Mit dem Auto: A 57 bis zur Abfahrt Nr. 13 Krefeld, dann den Hinweisen in Richtung Innenstadt folgen

Mit öffentlichen Verkehrsmitteln: von Düsseldorf Hbf oder Duisburg Hbf bis Krefeld Hbf

Daten zur Geschichte

1846: Hubert Underberg erfindet den berühmten Magenbitter und gründet seine Firma

1848: Nationalversammlung in der Paulskirche

1862: Bismarck wird preußischer Ministerpräsident

1894: Der „Underberg" wird beim Kaiserlichen Patentamt angemeldet

1914/1939: Während der beiden Weltkriege muss die Produktion von Underberg eingestellt werden

1949: Emil Underberg führt die 20-Milliliter-Flasche ein

Die Stadt Rheinberg und ihr Magenbitter

So mancher Rheinberger Bürger aber auch viele Besucher sind der Meinung, dass der grobe Backsteinbau der Underbergfabrik wie auch die daneben stehende Fabrikantenvilla nicht so recht in das eigentlich sehr ansprechende Bild der Stadt passen. Das Rathaus, 1149 nach dem Vorbild von Kalkar erbaut und die Bürgerhäuser aus dem 16. und 17. Jahrhundert, die am Großen Markt bzw. dem Holz- und Fischmarkt stehen, seien doch viel ansprechender. So ganz Unrecht haben sie natürlich nicht. Aber nicht jeder Unternehmer baut so schöne Häuser wie es die von der Leyens oder de Greiffs zum Beispiel in Krefeld getan haben. Die, die das nicht tun, können trotzdem Wohltäter ihrer Stadt sein – und wenn sie auch „nur" mit Arbeitsplätzen oder Steuergeldern Gutes tun.

„Semper idem – stets gleich bleibend (in Qualität und Wirkung)", das ist nicht nur der Wahlspruch der Unternehmerfamilie Underberg, sondern wohl auch das Geheimnis ihres Erfolges.

Hubert Underberg, der Unternehmensgründer, reiste für seine Ausbildung in die Nachbarländer Holland und Belgien. Bei den Niederländern probierte er zum ersten Mal ein Getränk, das ihm zu seinem späteren Erfolg verhelfen sollte. Das Getränk bestand aus einem Glas Genever, der mit einem bitteren Kräuterextrakt gemischt war. Das Ergebnis schmeckte, tat dem Magen gut und hatte nur einen Nachteil: Die Mischungen wurden nicht abgemessen und so schmeckte der gemixte Genever immer ein wenig anders. Das brachte Hubert Underberg auf die Idee, ein Getränk von gleich bleibender Qualität zu entwickeln – „semper idem"

Rheinberg: Alte Bürgerhäuser mit Underberg-Palais in Rheinberg

sozusagen. Er stellte sein eigenes Rezept aus heilsamen Kräutern her und erfand die so genannte warme Mazeration.

Der 17. Juni 1846 wurde ein ganz besonderer Tag für Hubert Underberg. An diesem Tag heiratete er nicht nur seine Frau Catharina Albrecht, sondern gründete mit ihr zusammen in Rheinberg die Firma H. Underberg-Albrecht. Den Namen für seine neue Erfindung nahm er aus dem holländischen „Boonekamp of Maagbitter". Die Flaschen, in denen er seinen Magenbitter verkaufte, wurden in gelbliches Papier verpackt und mit einem Etikett versehen, das Underbergs Unterschrift trug. Das neue und magenfreundliche Produkt fand bald eine große Anhängerschaft in Deutschland und im benachbarten Ausland. 1851 meldete er ein alleiniges Recht auf seine Erfindung beim Amtsgericht in Krefeld an. Nicht die

Detail am Underberg-Palais

Bezeichnung Boonekamp wurde 43 Jahre später beim Kaiserlichen Patentamt als Markenname geschützt, sondern der Name des Firmengründers. Von da an hieß auch der Magenbitter „Underberg".

Die beiden Weltkriege brachten die Geschäfte zum Erliegen, denn die Firma Underberg konnte die Kräuter für ihren Magenbitter nicht mehr im Ausland beschaffen. Doch gleich im Jahr 1949 machte der Enkel von Hubert Underberg weiter. Emil Underberg schien die Genialität seines Großvaters geerbt zu haben. Er führte die 20-Milliliter-Flasche ein, aus der wir den Magenbitter heute noch trinken.

Das Rezept, das Hubert Underberg vor 157 Jahren entwickelte, ist bis heute ein Familiengeheimnis und wird von Generation zu Generation weitergegeben.

Die alten Rheinberger wussten ihren erfolgreichen Mitbürger sehr wohl zu schätzen. So manche kleine Anekdote rankt sich um seine Person. In seinem Buch „Aus Rheinbergs vergangenen Tagen" berichtet Dr. Aloys Wittrup: „Weit und breit war er gekannt an seinem grauen Zylinderhut. Sein geflügeltes Wort, das allen Rheinbergern bekannt war, lautete: De Tid, de Tid, wenneck bloss een Minütt Tid maken koss, dann wör eck enne ricke Mann – die Zeit, die Zeit, wenn ich nur eine Minute Zeit machen könnte, dann wäre ich ein reicher Mann." Wie man Zeit machen kann, hat er nicht mehr erfinden können. Aber die Sache mit dem Reichtum müsste ja irgendwie geklappt haben.

Touristische Tipps

Sehenswert sind das **historische Rathaus am Großen Markt in Rheinberg**, der **historische Ortskern in Rheinberg-Orsoy** sowie die **Fossa Eugeniana** zwischen Rheinberg und Kamp-Lintfort.

Vergleichbares in der Region

Weitere Brauereien am Niederrhein: **Königsbrauerei in Duisburg-Beek**, **Brauerei Diebels in Issum**

Alte Underberg-Werbung

Anfahrt

Mit dem Auto: A 57 bis zur Abfahrt Nr. 7 Rheinberg

Mit öffentlichen Verkehrsmitteln: ab Duisburg Hbf in Richtung Xanten bis zur Haltestelle Rheinberg

Daten zur Geschichte

1228: Rees erhält die Stadtrechte

1470: Der Mühlenturm wird gebaut

1816: Die „Prinz von Oranien" (erstes Dampf-schiff auf dem Rhein) fährt von Rotterdam nach Köln

1829: Die „Hercules" ist der erste Schlepp-dampfer auf dem Rhein

Um 1900: Der Aalschokker wird zum Fischfang auf dem Rhein eingesetzt

Ab 1960: Der Beruf des Rheinfischers stirbt aus

Rees und das Fischereiboot, das beinahe schon Legende ist

Eine der schönsten Rheinpromenaden, wenn nicht sogar die schönste am Nie-derrhein überhaupt, hat die Stadt Rees. Der Weg über die Promenade führt an der alten Stadtbefestigung entlang und man hat beides: den Blick auf das schöne alte Gemäuer mit seinen Türmen und auf den Rhein, der hier eine ordentliche Breite zeigt. Die wehrhaften Türme dienten früher nicht nur der Sicherung und Verteidigung, sondern – in strengen Wintern, wenn sich das Packeis auf dem Rhein in Richtung Stadt schob – auch als Eisbrecher. Große Teile der alten Stadt-befestigung im Südosten sind erhalten geblieben bzw. so liebevoll wieder aufge-baut worden, dass das Bild der im Mittelalter errichteten Anlage auch heute noch beeindruckt. Rees ist eine der ältesten Städte am Niederrhein und die älteste Stadt des Klever Landes. Die Stadtrechte erhielt Rees 1228.

Einer der schönsten Türme ist der Mühlenturm. Er wurde 1470 aus Steinen der nahe gelegenen Burg Aspel erbaut und erfüllte drei Aufgaben: Er diente einem Müller als Arbeitsstätte, konnte mit kleineren Geschützen die Verteidigung der Stadt unterstützen und war ein wirkungsvoller Schutz gegen den Eisdruck.

Eine alte Erzählung berichtet von einem Müller, der in der Mühle lebte. Er wohn-te dort mit seiner Tochter und führte ein solch ausschweifendes Leben, dass er sich immer wieder Geld leihen musste. Ein reicher Kaufmann, der ein Auge auf

Mühlenturm vom Rhein aus gesehen

Aalschokker vor der Rheinbrücke in Rees

Information

Stadtverwaltung Rees, Markt 1, 46459 Rees,
Telefon: 02851/5174, Internet: www.rees.de

Touristische Tipps

Der Mühlenturm an der Rheinpromenade in
Rees, Öffnungszeiten: 1. Mai bis 15. Oktober
täglich 10.00 bis 19.00 Uhr; 16. Oktober bis
30. April samstags und sonntags von 10.00 bis
16.00 Uhr

Heimatmuseum in Rees-Haffen (Schwerpunkte
Volkskunde und Lokalhistorie), Velthuysenstraße
(in der alten Schule), 46459 Rees, Telefon:
02857/80230, Öffnungszeiten: von April bis Oktober erster Sonntag im Monat 15.00 bis 18.00
Uhr

Vergleichbares in der Region

Rheinmuseum in Emmerich (größtes Schifffahrtsmuseum am unteren Niederrhein), Martinikirchgang 2, 46446 Emmerich, Telefon:
02822/75400, Öffnungszeiten: sonntags bis mittwochs 10.00 bis 12.30 Uhr und 14.00 bis 16.30
Uhr, donnerstags 10.00 bis 12.30 Uhr und 14.00
bis 18.00 Uhr, freitags 10.00 bis 12.30 Uhr

die Müllerstochter geworfen hatte, lieh ihm immer wieder das benötigte Geld.
Der Müller konnte seine Schulden nicht begleichen, und so forderte der Kaufmann die schöne Tochter des Müllers als Ersatz. Die wollte jedoch lieber den jungen Müllersburschen als den schon etwas älteren Händler heiraten. Das passte
dem Müller nicht, der lieber den reichen Kaufmann als Schwiegersohn haben
wollte. Es kam auf der obersten Plattform der Mühle zu einem bösen Gerangel
zwischen dem Müller und seinem Knecht, in dessen Verlauf beide über die Brüs-
tung in den Tod stürzten.
Die oberste Plattform kann man auch heute noch betreten. Allerdings ist es loh-
nenswerter, die schöne Aussicht zu genießen als dort zu rangeln.
Auf dem Weg über die Promenade zurück in Richtung Rheinbrücke sieht man einen der letzten Aalschokker, die es auf dem Rhein noch gibt. Die Berufsfischerei,
die im 19. Jahrhundert noch vielen Menschen ihr Einkommen verschaffte, ist
heute so gut wie nicht mehr existent. Seit 1960 starb der jahrhundertealte Beruf
des Rheinfischers langsam aus. Die Wasserqualität des Rheins war dermaßen
schlecht geworden, dass die Fische nicht nur nicht mehr schmeckten, sondern
auch der frühere Fischreichtum des Rheins erheblich zurückging.
Der Aalschokker war noch zu Beginn des 20. Jahrhunderts das ideale Boot, um
Fische zu fangen. Der Name Schokker stammt ursprünglich von einem niederländischen Frachtboot, das auch zum Fischfang eingesetzt wurde. Die Bezeichnung Schokker hat sich dann aber auch auf andere Bootstypen übertragen. Der
Aalschokker wurde vorwiegend bei der damals noch sehr ergiebigen Rheinfi-
scherei eingesetzt. Meist wurde nachts gefischt, weil sich die Treibaale im Rhein
nur bei Dunkelheit fangen ließen. Dabei ließen die Fischer in der Regel nur an einer Seite des Bootes ihr Fangnetz ins Wasser. Zweiseitige Schokker gab es nur an
besonders fischreichen Stellen. Die Schokker hatten keinen Motor und mussten
an ihre Fangstellen geschleppt werden. Durch eine komplizierte Befestigung des
Bootes mit dem Anker und dem Ufer blieb es manövrierfähig. An guten Tagen
erreichten die Boote oft einen Fang von 80 Körben – das bedeutete etwa vier
Tonnen Aal, Zander, Barsch und Karpfen.
Der Aalschokker als Teil des Landschaftsbildes am Niederrhein ist heute abgelöst
durch den einsamen Angler, der mit seinen Ruten meist an ruhigen Stellen wie
z. B. den alten Rheinarmen sitzt. Die gefangenen Fische sollen mittlerweile auch
wieder genauso gut schmecken wie zu der Zeit, als sie noch auf einem Aalschokker aus dem Rhein gefischt wurden.

Anfahrt

Mit dem Auto: A 3 bis zur Abfahrt Nr. 4 Rees,
dann über die B 67 nach Rees

Mit öffentlichen Verkehrsmitteln: Bus 86 von
Wesel bis Rees

Daten zur Geschichte

1914 – 1918: Erster Weltkrieg

1923: Walther Klein sät den ersten Spargelsamen in Walbeck aus

1927: 33 Walbecker haben bis jetzt Spargelfelder angelegt

1929: Die „Spargelgenossenschaft für Walbeck und Umgebung" wird gegründet

1931: Dr. Walther Klein stirbt

Gelderns Schlösser und wie Walbeck zu seinem Spargel kam

Jemand hat einmal behauptet, dass der Niederrhein im Laufe der Geschichte ein Durchzugsland gewesen sei. In Geldern zumindest sind sie alle gewesen: Burgunder, Österreicher, Niederländer, Spanier, Franzosen und Preußen. Erst nach dem Wiener Kongress im Jahr 1815 kam Geldern, die Stadt, die der niederländischen Provinz Gelderland den Namen gab, zu Deutschland.

Der niederländische Einfluss war wohl der nachhaltigste und so verwundert es nicht, dass zwei Schlösser in der Umgebung von Geldern niederländische bzw. flämische Züge tragen: Schloss Haag und Schloss Walbeck.

Das Haupthaus von Schloss Haag wurde im Zweiten Weltkrieg zerstört. Dennoch gehört die Anlage zu den schönsten Schlössern am Niederrhein. Die Urkunden, die auf die Entstehung von Schloss Haag hinweisen, setzen mit dem Jahr 1337 ein. Konrad von Issum wird hier als Besitzer eines Hofes „in gehen Haege" bestätigt. Nach 1382 kam Schloss Haag durch einen Besitzerwechsel zur damaligen Grafschaft Geldern und wurde 1613 von der Familie von Hoensbroech übernommen, in deren Besitz es heute noch ist. 1977 wurde das Land um das Schloss he-

Schloss Haag

rum zu einem Golfplatz umgestaltet. In die Räume der inneren Vorburg sollte u. a. ein Restaurant einziehen. Die dafür notwendigen Arbeiten brachten Mauerfunde zu Tage, aus denen geschlossen werden konnte, dass die ursprüngliche Anlage der Vorburg während einer einzigen großen Bauphase in der zweiten Hälfte des 15. Jahrhunderts entstanden ist.

Schloss Haag ist heute mit seinem Golfplatz, dem dazugehörigen Restaurant und vor allem wegen seines prachtvollen Bauwerks ein überaus lohnendes Ausflugsziel.

Schloss Walbeck, das südwestlich von Schloss Haag liegt, ist nicht weniger imposant. Es hat nur den Nachteil, dass es nicht zugänglich ist. Vom benachbarten Wanderweg aus kann man es jedoch betrachten. Es gehörte bis ins 16. Jahrhundert der Familie Schenk von Nideggen, deren bekanntem Spross Martin wir ja

Schloss Walbeck

Information

Stadt Geldern, Amt für Stadtwerbung und Touristik, Issumer Tor 36, 47608 Geldern, Telefon: 02831/398514, Internet: www.geldern.de

Touristische Tipps

Über „einen Tag im Spargeldorf Walbeck" informiert das **Amt für Stadtwerbung und Touristik der Stadt Geldern** (siehe oben).

Vergleichbares in der Region

Goch-Kessel – Kessel ist ebenfalls ein Spargeldorf.

schon in Schenkenschanz begegnet sind. Danach hatte es mehrere unterschiedliche Besitzer, bis es 1980 an das sozialpädagogische Institut CJD verkauft wurde, das bis heute das Anwesen nutzt und in Stand hält.

Die wenigsten Besucher, die sich das Schloss vom Weg aus angesehen haben, sind allerdings ausschließlich des Bauwerkes wegen gekommen. Das trifft besonders auf die Monate Mai und Juni zu – wenn das Gemüse geerntet wird, das man eigentlich auch „Walbecker Gold" nennen könnte, wenn es nicht von einem schlichten Weiß wäre. Gemeint ist selbstverständlich der Spargel und am Niederrhein ist Walbeck das Synonym für den Spargel schlechthin. Und jetzt ist der Zeitpunkt gekommen, wo wir eigentlich wieder zu Schloss Walbeck zurückgehen müssten, denn hier hat der Walbecker Spargelanbau seinen Ursprung.

Als Major Dr. Walther Klein aus dem Ersten Weltkrieg zurück auf sein ererbtes Schloss Walbeck kam, entschloss er sich, dem Militär den Rücken zu kehren und Gutsherr zu werden. Doch sein „Gut" musste auch Gewinn abwerfen, da der Major eine Familie zu versorgen hatte. Er versuchte das zunächst mit Fohlen- und Kälberzucht und später sogar mit Schweinen und Küken. Eines Tages hatte er dann aber auch noch eine ganz besondere Idee. Er erinnerte sich an die sandigen flandrischen Felder, die er während des Krieges gesehen hatte, und vor allem an den köstlichen Spargel, der auf diesen Feldern wuchs. Unter den misstrauischen Blicken der einheimischen Bauern säte er Spargel aus – und hatte Erfolg. Es gelang Dr. Walther Klein auch, die misstrauischen Bauern zu überzeugen: 1929 gründete er mit 55 weiteren Mitgliedern die „Spargelgenossenschaft für Walbeck und Umgebung". Das war der Anfang des erfolgreichen Spargeldorfes Walbeck.

Heute zählt Walbeck seines Spargels wegen zu den bekanntesten Ausflugszielen am Niederrhein und auch auf den Märkten der Region ist die Bezeichnung „Walbecker Spargel" ein Gütesiegel. Die Geschichte vom Spargelmajor Klein hört sich beinahe märchenhaft an – aber sie ist wahr. Nur der Walbecker Spargel schmeckt nach wie vor einfach märchenhaft gut!

Anfahrt

Mit dem Auto: A 57 bis zur Abfahrt Nr. 6 Alpen, dann die B 58 in Richtung Geldern und Walbeck

Der Bergbau am Niederrhein und die ersten Hüttenwerke

Jeder Wagen Kohle bedeutet Fortschritt in unserem Leben." Der Autor des Essays „Wir leben auf der Kohle", dem dieser Satz entstammt, konnte 1956 noch nicht ahnen, dass nur kurze Zeit später eine Welle von Stilllegungen über das Revier hinweggehen würde. Diese Welle dauerte zehn Jahre an und man sprach vom Zechensterben.

Friedrich-Thyssen-Schachtanlage 1/6 in Duisburg-Hamborn

Landschaftspark Duisburg-Nord – ein Hüttenwerk wird Abenteuerspielplatz

Etwa in der zweiten Hälfte des 19. Jahrhunderts hat man auch am Niederrhein mit dem Steinkohlebergbau begonnen. Im Ruhrgebiet hingegen baute man schon im Mittelalter Flöze ab, die im Bereich der Ruhr an die Oberfläche getreten waren. Um 1830 entdeckte der Ruhrorter Kaufmann Franz Haniel Kohle unter den Mergelschichten des Deckgebirges, und danach begann man mit der Errichtung von Großzechen mit mehreren Schächten, um die Kohle einigermaßen rentabel abbauen zu können. Einer dieser Zechengründer war Fritz Thyssen, der in Hamborn die Bergwerksgesellschaft „Deutscher Kaiser" ins Leben rief. Seine erste erfolgreiche Bohrung fand 1856 statt, und schon 1876 begann man Kohle zu fördern. Anfänglich hatte man immer geglaubt, dass mit dem Erreichen des Rheins auch die Kohlenflöze aufhörten. Franz Haniel ließ bei Homberg Probebohrungen machen, die 1854 in 175 Metern Tiefe auf Kohle stießen. Mit dem Ab-

teufen des Schachtes Rheinpreußen 1 wurde 1857 begonnen, 1866 mit dem Abteufen des Schachtes 2. Hier konnte dann auch ab 1866 Kohle gefördert werden.
Die Förderung bei Schacht 1 gelang erst ab 1884. Franz Haniel hatte bewiesen,
dass der Rhein für Steinkohlebergbau keine geografische Grenze darstellt.

Und es ging weiter bei Rheinpreußen. 1891 folgte die Abteufung von Schacht 3 –
gefördert wurde hier ab 1898. Schacht 4 in Moers-Hochstraß wurde um 1900 ab-
geteuft, ebenso wie der Schacht 5 in Moers-Utfort. Mit der Förderung in den beiden Schächten begann man 1904 bzw. 1905. Der Abstand zwischen Abteufen
und Förderung wurde immer kürzer: Die Maschinen und die mit ihnen verbunde-
ne Technik hatten sich entscheidend verbessert.

Der Bergbau erlebte einen ungeheuren Aufschwung und zog Folgeindustrien an.
Eines der besten Beispiele dafür sind die Krupp-Hüttenwerke in Rheinhausen.
1885 kaufte Friedrich Alfred Krupp ein Gelände mit einer Grundfläche von ein-
tausend Morgen von den zum späteren Rheinhausen gehörenden Gemeinden
Bliersheim, Friemersheim und Hochemmerich. Er beabsichtigte ein großes Hüt-

Touristische Tipps

Hanielmuseum (Museum zur Firmengeschichte
und Industrialisierung des Ruhrgebietes), Franz-
Haniel-Platz 3, 47119 Duisburg, Telefon:
0203/806418, geöffnet nach Vereinbarung

Landschaftspark Duisburg-Nord, Emscherstr.
71, 47137 Duisburg, Telefon: 0203/420151,
Lichtinszenierungen freitags bis sonntags nach
Einbruch der Dämmerung – industriegeschicht-
liche Führungen samstags, sonntags und feiertags um 14.00 Uhr

Rheinpreußen 4 ist jetzt eine Diskothek

tenwerk zu bauen, verbunden mit Stahl- und Walzwerken. 1897 wurden die ersten beiden von fünf geplanten Hochöfen in Betrieb genommen, ein Jahr später
der dritte. Alle drei Hochöfen hatten eine Tageskapazität von 200 000 Tonnen. Bis
zum Ersten Weltkrieg wurde die Friedrich-Alfred-Hütte, wie sie kurze Zeit nach
der Gründung genannt wurde, das größte Hüttenwerk Europas. Und die Stein-
kohlebergwerke im Raum Homberg und Moers profitierten davon.

Während die Bevölkerungszahl in den ländlichen Gebieten des linken Niederrheins einigermaßen konstant blieb, explodierte sie in den Gebieten der neuen In-
dustriestätten. Kleine Provinzstädte wurden fast über Nacht zu Großstädten.

Die beiden Weltkriege brachten zwar Einschnitte – aber nicht für den Bergbau
und die Stahlindustrie. Besonders nach dem Zweiten Weltkrieg erlebten beide In-
dustriezweige einen Boom – bis auf dem Weltmarkt Kohle auftauchte, die preis-
werter war als die deutsche und der Stahl in anderen Ländern billiger produziert
wurde.

Anfahrt

Landschaftspark Duisburg-Nord

Mit dem Auto: A 42 bis zur Abfahrt Nr. 7 Duis-
burg-Neumühl, dann den Wegweisern „Landschaftspark Duisburg-Nord" folgen

Daten zur Geschichte

1096: Bei Beginn des ersten Kreuzzuges Judenpogrom im Rheinland

1348: Die Pest bricht aus und zieht neue Juden-verfolgungen nach sich

1933: Hitler wird Reichskanzler

1935: Nürnberger Gesetze – Entrechtung der Juden

1938: Reichskristallnacht

1942: Wannsee-Konferenz zur „Endlösung"

Jüdisches Leben am Niederrhein und sein grausames Ende

Eine kleine jüdische Gemeinde gab es in Kalkar schon im Mittelalter. 1096 erschütterte sie ein schreckliches Ereignis, welches das gesamte Rheinland betraf. Mit Beginn des ersten Kreuzzuges setzte ein bis dahin nicht gekannter Hass auf die jüdischen Mitbürger ein. Mit dem Ruf „Tod oder Taufe" auf den Lippen wollten die Kreuzzugsteilnehmer schon auf dem Weg ins Heilige Land diejenigen stellen, die sie für die Mörder Christi hielten.

Dieses Ereignis könnte der erste Grund dafür sein, dass die kleine jüdische Gemeinde in Kalkar verschwand. Der zweite Grund könnte im Jahr 1348 zu suchen sein, als auch im niederrheinischen Land die Pest ausbrach. Die Juden wurden damals für den schwarzen Tod verantwortlich gemacht. Man warf ihnen vor, die Brunnen vergiftet und damit den Ausbruch der Seuche verursacht zu haben. Es gibt keine Quellen, die das Verschwinden der Juden im mittelalterlichen Kalkar erklären. Vielleicht haben sie sich auch nur eine andere Bleibe gesucht, obwohl es dann verwundert, dass sie es zu einer Zeit taten, als der Wohlstand Kalkars zu wachsen begann.

Im 17. Jahrhundert gab es dann wieder eine kleine jüdische Gemeinde in Kalkar, der es offensichtlich sehr gut erging. Ende des 18. Jahrhunderts war die jüdische Gemeinde die größte der nicht katholischen Gemeinden. 1820 durfte sie ihren Friedhof am Kalkardeich errichten. Die Errichtung eines jüdischen Friedhofes – wenn auch nur am Rand, aber immerhin im Stadtgebiet – war nicht üblich. Die Emmericher Juden z.B. mussten ihre Toten vor der Stadt begraben. Ebenso erging es auch den Juden in Rees, bis der Magistrat einsah, dass die Gräber bei Hochwasser vom Rhein weggespült wurden. Daher erhielten die Reeser Juden das Recht, ihre Toten auf der Stadtmauer zu bestatten. Allerdings musste immer eine Grabstätte frei bleiben für den Fall, dass der nichtjüdische Friedhof „voll belegt" war.

Die Kalkarer Juden hatten solche Repressalien nicht auszustehen. Sie waren in das Leben der Stadt voll integriert, bis im Jahre 1933 die NS-Schergen auch Kalkar erreichten. 1933 gab es noch 62 Juden in Kalkar. Viele von ihnen wurden in

Jüdischer Friedhof in Xanten

Information

Jüdisches Leben am Niederrhein
Gedächtnisstätte Ehemaliges Jüdisches Zentrum, Gemeindeverwaltung Issum, Herrlichkeit 7–9, 47661 Issum, Telefon: 02835/1024, Internet: www.issum.de

Jüdische Friedhöfe am Niederrhein
Kleve – Rees – Kalkar – Xanten – Sonsbeck (Auswahl)

Jüdischer Friedhof in Kalkar

Jüdischer Friedhof in Xanten

Ghettos und Vernichtungslager verschleppt und dort ermordet. 1938 wurde ihre Synagoge zerstört und 1942 gab es kein jüdisches Leben mehr in Kalkar.

Seit 1989 haben Schüler der Kalkarer Hauptschule die Pflege der 59 Grabstätten auf dem jüdischen Friedhof übernommen.

Die Xantener jüdische Gemeinde hatte, bevor auch sie im Holocaust ausradiert wurde, noch längst nicht immer so gute Erfahrungen mit den Mitbürgern ihrer Stadt machen können wie die Kalkarer. Die Gemeinde, die seit dem 12. Jahrhundert in Xanten bestand, musste unter den schon oben erwähnten Verfolgungen leiden, die nach Ausbruch der Pest begannen. Aufsehen erregte der Xantener Knabenmord im Jahr 1891. Man hatte die Leiche des fünfjährigen Johan Hegemann am Abend des 29. Juni 1891 in einem Kuhstall in Xanten gefunden. Der Zustand der Leiche deutete darauf hin, dass der Täter aus dem Schlachtergewerbe kommen könnte, denn die Leiche des Jungen wies einen Schnitt auf, der zunft- und fachgerecht gemacht worden war. Sofort fiel der Verdacht auf den in der Nähe des Kuhstalls wohnenden jüdischen Metzger Buschoff. Dieser kam mit seiner Frau und seiner Tochter am 14. Oktober 1891 in Haft, wurde aber am 23. Dezember des gleichen Jahres aus Mangel an Beweisen wieder entlassen. Dieser Fall endete zwar mit dem Freispruch Buschoffs, doch er zeigt auch, in welche Bedrängnis Angehörige der jüdischen Minderheit kommen konnten. 57 Jahre später wurde auch das jüdische Leben in Xanten ausgelöscht.

Der jüdische Friedhof in Xanten ist einer der schönsten seiner Art am Niederrhein. Die ringförmige Anlage wurde in der heutigen Form um 1700 angelegt.

Anfahrt

Kalkar

Mit dem Auto: A 57 bis Abfahrt Nr. 3 Goch, dann über die B 67 nach Kalkar

Mit öffentlichen Verkehrsmitteln: von Duisburg Hbf mit dem Niederrheinexpress bis Xanten Bahnhof, von dort mit der Buslinie 42 oder 44 nach Kalkar

Xanten

Mit dem Auto: A 57 bis zur Abfahrt Nr. 6 Alpen, dann den Wegweisern in Richtung Xanten folgen

Mit öffentlichen Verkehrsmitteln: mit dem Zug ab Duisburg Hbf in Richtung Xanten bis zum Bahnhof Xanten

Daten zur Geschichte

1939: Hitlers Truppen marschieren in Polen ein

1940: Deutscher Angriff auf die Benelux-Länder und Frankreich

1941: Deutscher Angriff auf die Sowjetunion

1944: Invasion der Alliierten in der Normandie

7. Februar 1945: Die Alliierten stehen zum Angriff auf den Reichswald bereit

8. Februar 1945: Zur Vorbereitung auf die Bodenoffensive bombardieren alliierte Flugzeuge Kleve, Goch, Kalkar und Weeze

9. Februar 1945: Die alliierten Bodentruppen stoßen auf heftigen Widerstand der Deutschen

10. Februar 1945: Die Witterungsverhältnisse erschweren das weitere Vordringen der Alliierten zusätzlich

11. Februar 1945: William John Richards und Werner Lenz sterben

9. Mai 1945: Deutsche Kapitulation

Einhornskulptur vor dem Eingang des britischen Soldatenfriedhofs im Reichswald

Tod im Reichswald

Der Klever Reichswald ist mit über 5000 Hektar Fläche das größte Waldgebiet am Niederrhein. Er wird von vielen Menschen als Freizeiterlebnis geschätzt als „ein Stückchen Natur mit hohem Erholungswert". Ausgewiesene Wanderwege – egal ob man zu Fuß, mit dem Rad oder zu Pferde unterwegs ist – leiten sicher durch das Waldgebiet, das Gott sei Dank nie überlaufen ist. Bekannt ist der Reichswald vor allem wegen seines Wildvorkommens. Neben Reh-, Rot- und Schwarzwild sind in den abgelegeneren Teilen des Waldes auch Fuchs und Dachs anzutreffen oder auch der seltene Baummarder. Und über allem liegt immer eine himmlische Ruhe. Das war nicht immer so.

„Das Eindringen in den feuchten und finstern Reichswald hatte etwas Unheimliches an sich; es weckte Kindheitserinnerungen an deutsche Mythen und die Märchen der Gebrüder Grimm … Gefahr lauerte in ungezählten Verstecken, ein plötzlicher Tod drohte an jedem Schnittpunkt der Schneisen … Es war die Hölle. Aber am 13. Februar war der Hauptteil des Waldes gesäubert." Der britische Historiker R. W. Thompson erinnert sich mit dem 13. Februar 1945 an einen Tag des Krieges, als die Truppen seines Landes dabei waren, die Besetzung des Reichs-

Britischer Soldatenfriedhof im Reichswald

waldes abzuschließen. Die schrecklichsten Tage waren da schon vorbei und sie hatten schrecklich viele Opfer in den britischen Reihen gefordert.

Ein halbes Jahr benötigten die Alliierten nach der Landung in der Normandie, um die deutschen Truppen bis auf das Gebiet des Deutschen Reiches zurückzudrängen. Nach verlustreichen Luftlandeaktionen versuchten sie Anfang Oktober 1944, ihre Bodenoffensive zu starten. Dieser Versuch wurde im Februar 1945 wiederholt. Die Alliierten hatten den Plan, in drei bis vier Tagen bis zu der Linie Xanten-Geldern vorzudringen. Dieser Plan konnte nicht eingehalten werden. Die erbitterten Kämpfe um den Reichswald dauerten zwei Wochen.

Im Reichswald findet man den britischen Soldatenfriedhof „Reichswald Forest War Cemetery". Insgesamt 7647 Gefallene ruhen hier. Am Ende des Zweiten Weltkriegs wurden tausende von Gräbern alliierter Soldaten des Heeres, der Luftwaffe und auch einige der Marine aus unzähligen Feldgräbern im westlichen Deutschland hier auf den Soldatenfriedhof, im Herzen des Reichswalds, umgebettet. Viele dieser Soldaten fielen im Februar und März 1945 beim Vormarsch am Niederrhein, im Kampf um den Reichswald, beim Rheinübergang oder bei alliierten Luftlandungen im niederländisch-deutschen Grenzbereich. Auch die Gefallenen der 6. britischen Luftlandedivision, die zunächst in Hamminkeln beigesetzt worden waren, fanden hier ihre letzte Ruhestätte. Fast 4000 Gefallene der Royal Air Force ruhen im Reichswald.

Der Eingangsbereich des Friedhofs wird durch zwei im indischen Stil errichtete Türme begrenzt. Rechts und links des Eingangs sitzen ein Löwe und ein Einhorn auf Pfeilern.

Sie wurden von Gilbert Ledward aus Portland-Stein gearbeitet. Über Granitstufen kann man die Türme besteigen und hat von oben aus einen weiten Blick über die Gräberfelder. Inmitten der großen Anlage steht zwischen niedrigen, mit Jasmin

Touristische Tipps

Kleve – **Ewald Matarés Skulptur „Der Gefallene"** wurde im Dritten Reich kurz nach ihrer Aufstellung als entartete Kunst zerstört und vergraben. Heute ist sie aus ihren Einzelteilen wieder zusammengesetzt und steht als Mahnmal für die Kriegsopfer aller Zeiten vor der Klever Stiftskirche.

Vergleichbares in der Region

Kleve-Donsbrüggen – **Deutscher Ehrenfriedhof**

„Cross of Sacrifice" auf dem britischen Soldatenfriedhof im Reichswald

und Kletterpflanzen umwachsenen Pergolen der „Stone of Rememberance". Dahinter ragt vor dem Wald das „Cross of Sacrifice" empor.

Auf der Grabstelle Nr. 50. H. 1 steht der Name des Soldaten William John Richards vom Welsh Regiment. Er war gerade achtzehn Jahre alt, als er am 11. Februar 1945 für sein Land fiel. Einige wenige Kilometer weiter, auf dem Ehrenfriedhof bei Donsbrüggen liegt in dem Grab Nr. 1581 der Fallschirmjäger Werner Lenz. Auch er starb am 11. Februar 1945 – einen Tag nach seinem 19. Geburtstag.

Anfahrt

Mit dem Auto: A 57 bis Abfahrt Nr. 2 Kleve, dann über die B 9 und die B 504 in den Reichswald

Daten zur Geschichte

Xanten in Schutt und Asche

Am 3. März des Jahres 1944 kam der Dichter Emil Barth in die Stadt Xanten, um nach dem Atelier seines Bruders Carl zu sehen. Der Künstler Carl Barth, der sein eigentliches Atelier in Düsseldorf hatte, besaß seit April 1940 auch ein so genanntes „Sommeratelier" im Klever Tor in Xanten. Emil Barth wollte vermut-

Alliierte Soldaten im zerstörten Xanten

lich nach dem Rechten sehen, denn 1943 war das Düsseldorfer Atelier seines Bruders durch Bomben zerstört worden. Barth warf vom Klever Tor aus noch einmal einen Blick über Xanten, fast so, als wollte er sich von der Stadt verabschieden. So, wie er Xanten am 3. März sah, sollte er die Stadt nicht wiedersehen.

Trümmerberge in der zerstörten Innenstadt

Am 10. Februar 1945 griffen die alliierten Bomber Xanten an. Die Innenstadt sah entsetzlich aus. Als wäre das noch nicht genug gewesen, folgten am Tag darauf erneute Angriffe. In den nächsten Tagen räumten die Xantener die Akten aus dem Rathaus, um sie nach Moers in Sicherheit zu bringen. Am 21. Februar griffen die alliierten Bomber wieder an. Von 2.30 Uhr am frühen Morgen bis gegen 5 Uhr dauerten die Angriffe. In mehreren Wellen wurden Bomben auf die Stadt geworfen – insgesamt fast 400 Tonnen.

Der Xantener Schriftsteller Werner Böcking erinnert sich: „Totale Verwüstung der mittelalterlichen Stadt zu 85 %. Die Menschen verlassen fluchtartig die Stadt und ziehen zu den Bauern. Der Dom ist schwer getroffen, die Michaelskapelle vollständig zerstört. Die Kartause ist schwer beschädigt, die Verwundeten in den Kellern dort verschüttet und eingeschlossen. Die Stadt ist vor dem letzten großen Angriff fast entvölkert. Die Wehrmacht hat das Sagen."

Sir Winston Churchill im zerstörten Xanten

Information

Die hier abgebildeten historischen Fotos sind zu sehen im **Hotel van Bebber**, Klever Str. 12, 46509 Xanten

Sir Winston Churchill in einem Panzer vor Xantens Trümmerbergen

Mit dem letzten großen Angriff war das Anrücken der kanadischen Alliierten gemeint. Am Morgen des 8. März startete dieses Unternehmen, das den Namen „Blockbuster II" erhalten hatte, mit einem unglaublichen Beschuss von 11 Artillerieregimentern. „Es war, als ob die Hölle losgebrochen sei", erinnert sich einer der beteiligten kanadischen Soldaten. Die alliierten Truppen kämpften sich vom Uedemer Hochwald im Nordwesten her vorwärts. Sie benutzten Nebelwerfer, um ein Eingreifen von deutschen Truppen auf der anderen Seite des Rheins zu erschweren. Es tobte zwar noch ein erbitterter Kampf um Haus Erprath, aus dem die Kanadier 68 deutsche Fallschirmjäger herausholten. Aber schließlich wurde der Widerstand der deutschen Truppen gebrochen. Um die Mittagszeit standen die Alliierten im Zentrum des zerstörten Xanten. Am Nachmittag hatte aller Widerstand in Xanten aufgehört.

Wenn man heute die Bilder von den schrecklichen Verwüstungen der Stadt Xanten sieht, kann man sich ein wenig in die Empfindungen solcher Menschen wie etwa Dombaumeister Walter Bader hineinversetzen. Als er am 4. Juni 1945 nach Xanten zurückkam, fand er „seinen" Dom zu 80 Prozent zerstört vor. Die einst prachtvolle Kirche war so stark in Mitleidenschaft gezogen worden, dass man sich sogar eine kurze Zeit lang überlegte, sie nicht wieder aufzubauen. Walter Bader wehrte sich vehement dagegen. Gemeinsam mit dem 65-jährigen Jakob Kamps begann er am 12. Juli 1945 mit den ersten vorläufigen Aufräumarbeiten. Im Sommer 1948 konnte im westlichen Teil des Kirchenraumes wieder der erste Gottesdienst gefeiert werden.

Xantens Schicksal teilten beinahe alle niederrheinischen Städte und Gemeinden. Aber nirgendwo hatte der Krieg so verheerend gewütet wie hier. Xanten wurde zu 85 Prozent zerstört.

Anfahrt

Mit dem Auto: A 57 bis zur Abfahrt Nr. 6 Alpen, dann den Wegweisern in Richtung Xanten folgen

Mit öffentlichen Verkehrsmitteln: ab Duisburg Hbf Niederrheinexpress in Richtung Xanten – der Weg zum Dom ist ausgeschildert

Daten zur Geschichte

14. Jahrhundert: In Goch entsteht das Steintor als eines von vier Stadttoren

Um 1500: Das Haus der Fünf Ringe wird gebaut

Um 1700: Die Susmühle wird an der Niers errichtet

1939: Hitlers Truppen marschieren in Polen ein

1940: Deutscher Angriff auf die Benelux-Länder und Frankreich

1941: Deutscher Angriff auf die Sowjetunion

1944: Invasion der Alliierten in der Normandie

1945: Am 7. Februar wird Goch von alliierten Bombern zu 80 Prozent zerstört

Goch, sein starkes Tor, das Haus der Fünf Ringe und die Mühle an der Niers

Das stille und idyllische Land am nördlichen Teil der Niers gewinnt immer mehr Freunde, die ihre Zeit hier gerne verbringen. Das mag daran liegen, dass die Ruhe, welche die Landschaft hier ausstrahlt, sich sofort auf den Besucher überträgt. Auch die Fortbewegungsmöglichkeiten, die sich anbieten, wenn man das Auto geparkt hat, bieten nicht viel Gelegenheit, Hektik aufkommen zu lassen. Die Niers, gewissermaßen als Wanderführer engagiert, lässt sich zu Fuß, mit dem Fahrrad oder mit dem Kanu erkunden.

Unterwegs lohnt es sich, einmal Halt zu machen, besonders dann, wenn der wie Phoenix aus der Asche wieder erstehende Turm der Gocher Kirche St. Maria Magdalena erscheint. Am 24. Mai 1993 sorgte er für Schlagzeilen bis ins Ausland, als er um 2.27 Uhr „ganz ohne Voranmeldung" einstürzte. Glücklicherweise war zu dieser nachtschlafenden Zeit niemand in der Kirche.

Die Gocher haben in der bewegten Geschichte ihrer Stadt viele ihrer schönen alten Gebäude einstürzen sehen, zuletzt im Zweiten Weltkrieg, als am 7. Februar 1945 die Stadt nahezu dem Erdboden gleichgemacht wurde. Ihre Nähe zur holländischen Grenze hatte sie wohl dafür prädestiniert und die Alliierten wollten auch wirtschaftlich nicht ganz so relevante Städte aus Gründen der Demotivierung zerbomben. Chronisten berichten, dass ursprünglich 448 Flugzeuge die Stadt bombardieren sollten. Letztlich waren es „nur" 147, die dann 464 Tonnen Sprengbomben und 8 Tonnen Brandbomben warfen.

Auch das Wahrzeichen der Stadt, das Steintor, ist an diesem schwärzesten Tag des

Haus zu den Fünf Ringen

Steintor

Susmühle an der Niers

Information

KulTOURbühne Goch, Markt 15, 47574 Goch, Telefon: 02823/320202, Internet: www.goch.de

Touristische Tipps

Museum für Kunst- und Kulturgeschichte, Kastell 9, 47574 Goch, Telefon: 02823/970811, Öffnungszeiten: dienstags bis freitags 10.00 bis 12.00 Uhr und 14.00 bis 17.00 Uhr, samstags und sonntags 11.00 bis 17.00 Uhr

Paddeln auf der Niers, Freizeitteam Niederrhein, Huckweg 12, 47574 Goch, Telefon: 02827/5766

Notgeldschein mit Motiven von Goch

Krieges nicht verschont worden. Die Dächer des Hauptgebäudes und des Westtores wurden komplett zerstört. Jürgen Loosen berichtet im Kalender für das Klever Land, dass es nur dem Eingreifen des Offiziers Balfour zu verdanken war, dass die Reste des Gebäudes nicht gesprengt wurden, damit den Panzern die Durchfahrt erleichtert wurde. Das Steintor steht heute wieder. Zwar bewacht es nicht mehr wie einst die wichtige Verbindungsstraße zwischen Köln und Nimwegen, aber es ist das einzige von den ehemals vier Stadttoren, das erhalten geblieben ist. Mit dem Wiederaufbau des Tores nach dem Krieg haben sich die Gocher nicht nur ein schönes und markantes Bauwerk erhalten, sondern mit seiner Nutzung als touristischer „Treffpunkt Steintor" unterstrichen, dass die Wunden des Krieges sinnvoll geheilt worden sind.

Ein paar Schritte weiter steht das Gebäude, das nicht nur von den Gochern zu den schönsten des nördlichen Niederrheins gezählt wird. Das Haus zu den Fünf Ringen ist das letzte jener spätmittelalterlichen Häuser, die damals den Markt umstanden haben. Es wurde um 1500 als adeliges Stadtwohnhaus gebaut. Die fünf Ringe sollen die fünf Erdteile darstellen.

An der Niers, genauer gesagt an der Susbrücke, steht ein weiteres bauliches Kleinod der Stadt: die Susmühle. Das um 1700 aus Backsteinen entstandene Mühlenhaus hieß früher Loo Mühle. Den heutigen Namen erhielt die Mühle wohl, weil das Wasser, das sie in Betrieb hielt, so „s(a)uste". Sie ist die einzige Wassermühle, dies es in Goch noch gibt. Als die Niers Anfang der Dreißigerjahre begradigt und damit der Wasserspiegel tiefer gelegt wurde, erreichte das vormals sausende Wasser das Mühlrad nicht mehr. Die Mühle ist heute ein Wohnhaus geworden und steht unter Denkmalschutz.

Anfahrt

Mit dem Auto: A 57 bis zur Abfahrt Nr. 3 Goch, dann der Ausschilderung ins Stadtzentrum folgen

Mit öffentlichen Verkehrsmitteln: ab Düsseldorf Hbf und Krefeld Hbf mit dem Niersexpress in Richtung Kleve bis zum Bahnhof Goch

Wie Duisburgs Hafen zum größten Binnenhafen der Welt wurde

Etwa zwischen 100 und 1000 n. Chr. lag Duisburg südlich des Rheinbogens. Noch zwei weitere Flüsse umgaben die Stadt: die Ruhr im Osten und der Dickelsbach im Westen. Das war nicht nur eine natürliche Schutzanlage gegen anrückende Feinde, sondern auch die beste Voraussetzung am Handel und dem damit verbundenen Wohlstand teilzunehmen. In diesem Zeitraum fiel dann auch die erste Blütezeit der Handelsstadt Duisburg. Die Anbindung an den Hellweg als bedeutendster Handelsweg nach Westfalen machte Duisburg zu einem noch wichtigeren Handelspartner.

Dann suchte sich der Rhein ein neues Flussbett. Südlich von Essenberg gab es gegen Ende des 13. Jahrhunderts einen Durchbruch des Stromes. Der Rhein floss jetzt ein ganzes Stück weiter westwärts. Die Lage am tiefen Fahrwasser des Rheins war aber für eine Stadt wie Duisburg lebensnotwendig. Die Verlagerung des Rheins wurde für die Stadt schnell zu einer wirtschaftlichen Katastrophe. Zwar konnten die Duisburger Schiffe zunächst noch den Altarm des Rheins befahren, doch der verlandete zunehmend und war schließlich nur noch ein nicht befahrbares Rinnsal.

Einen direkten Schifffahrtsanschluss gab es jetzt für Duisburg nicht mehr. Die Handelswaren mussten vom Rheinufer zur Stadt gebracht werden – bei den damaligen Straßenverhältnissen ein mühsamer Weg. Duisburg fiel in seiner Bedeutung schnell hinter andere Hansestädte wie z. B. Wesel zurück. In der Mitte des 16. Jahrhunderts hatte der Handel so nachgelassen, dass sich die Duisburger Kaufleute überlegten, wieder aus der Hanse auszutreten. Aus der einst so bedeutenden Fernhandelsstadt war wieder ein kleines Städtchen von 2000 Einwohnern geworden. Duisburg sank zur Provinzstadt ab.

Die Börtschifffahrt (Börtfahrt = Linienfahrt), an der Duisburg seit 1674 beteiligt war, brachte eine leichte wirtschaftliche Erholung. Aber da immer noch keine direkte Anbindung an die Stadt vorhanden war, konnte Duisburg sich nicht wirklich von seinem wirtschaftlichen Abstieg erholen. Zwar gab es 1696 und 1765 Pläne für einen Ruhrkanal, doch umgesetzt wurden diese Pläne erst 1840. Inzwischen mauserte sich das benachbarte Ruhrort zu einem ernsthaften Konkurrenten.

Schwanentor bei Nacht in Duisburg

Duisburg stieg erst wieder so richtig in das Geschäft mit der Schifffahrt ein, nachdem 1831 der Rheinkanal eröffnet worden war und ab 1844 auch Schiffe auf dem fertig gestellten Ruhrkanal fuhren. Jetzt konnte sich Duisburg auch am profitablen Kohletransport beteiligen. Doch die Konkurrenz in Ruhrort war immer noch besser. 1855 wurden in Ruhrort 613 000 Tonnen Kohle umgeschlagen, in Duisburg nur 514 000 Tonnen. Bald ist man versucht zu sagen: Da hilft nur Eingemeindung – das passierte dann auch tatsächlich 1905. Doch fairerweise sollte ergänzt werden, dass die beiden Städte vorher schon eine gemeinsame Hafenbetriebsgesellschaft gegründet hatten. 1908 schlossen sich auch die Hochfelder Häfen der Gesellschaft an. Der Grundstein zur Entwicklung zum größten Binnenhafen der Welt war gelegt. Die beiden Weltkriege brachten auch für die Geschäfte

Information

Duisburg-Information, Am Buchenbaum 40, 47051 Duisburg, Telefon: 0203/2854411, Internet: www.duisburg.de

Touristische Tipps

Museum der Deutschen Binnenschifffahrt, Apostelstr. 84, 47119 Duisburg, Telefon: 0203/2834301, Internet: www.binnenschifffahrtsmuseum.de, Öffnungszeiten: dienstags 10.00 bis 17.00 Uhr, mittwochs und donnerstags 10.00 bis 16.00 Uhr, freitags bis sonntags 10.00 bis 17.00 Uhr

Kultur- und Stadthistorisches Museum, Johannes-Corputius-Platz 1, Telefon: 0203/2832640, Internet: www.stadtmuseum-duisburg.de, Öffnungszeiten: dienstags bis donnerstags und samstags 10.00 bis 17.00 Uhr, freitags 10.00 bis 14.00 Uhr, sonntags 10.00 bis 18.00 Uhr

Hafenrundfahrt, DHG, Info-Pavillon, Harry-Epstein-Platz, 47051 Duisburg, Telefon: 0203/6044445, Internet: www.dhg-duisburg.de

Museumsschiff Oscar Huber – der letzte erhaltene Radschleppdampfer

des Duisburger Hafens Einbrüche, aber schnell setzte wieder der Aufschwung ein. Besonders nach dem Ende des Zweiten Weltkriegs entwickelten sich die Umschlagszahlen des Duisburger Hafens geradezu atemberaubend.

Heute ist wieder alles ganz anders. Der Duisburger Innenhafen, in dem früher das Grubenholz für die Zechen umgeschlagen wurde, verlor im Zeitalter des Untergangs von Kohle und Stahl seine Daseinsberechtigung. Es war an der Zeit, über eine neue Nutzung der Flächen und Gebäude nachzudenken. Einen ersten Schritt machte die Stadt Duisburg, als sie in einem ehemaligen Getreidespeicher aus dem Jahr 1905, der mit einer neuen Glas-Stahl-Konstruktion kombiniert wurde, das Kultur- und Stadthistorische Museum installiert hat.

1999 wurde die Innenhafen-Gestaltung ausgeschrieben. Das Rennen machte das Büro Norman Foster aus London, das gemeinsam mit deutschen Partnern einen Entwurf vorlegte, der eine schrittweise Umgestaltung des ehemaligen Hafengeländes möglich macht. Mittlerweile hat der Duisburger Innenhafen ein neues Gesicht bekommen, wie etwa mit der Sammlung Grothe (moderne Gegenwartskunst) in einem beeindruckend umgebauten Backsteinspeicher oder dem „Garten der Erinnerungen", den der Künstler Dani Karavan beim neuen Jüdischen Gemeindezentrum angelegt hat, um nur zwei Beispiele zu nennen.

Anfahrt

Mit dem Auto: A 40 bis zur Abfahrt Nr. 12 Duisburg-Häfen

Mit öffentlichen Verkehrsmitteln: ab Duisburg Hbf mit der U-Bahn bis zur Haltestelle Rathaus

Wenn es an der Ruhr brennt, reicht das Wasser im Rhein nicht zum Löschen!

In den 60er Jahren erreichte das Hüttenwerk Rheinhausen mit 15 588 Beschäftigten die größte Belegschaft. In diesen Jahren wurden über zwei Millionen Tonnen Rohstahl produziert.

Das sollte nicht so bleiben.

Versetzen wir uns einige Jahre zurück. Im November 1987 macht ein Gerücht die Runde: „Die wollen die Hütte dichtmachen." Mit „die" ist vor allem der Vorstandsvorsitzende Gerhard Cromme gemeint, der in diesen Wochen böse Worte und faule Eier auf sich zieht, wenn er dann mal in der Öffentlichkeit zu erscheinen wagt. Schon vor diesem November ist klar gewesen: Die Zahl der Arbeiter im Rheinhauser Hüttenwerk ist zu hoch. Die Betriebsleitung gibt ein Optimierungskonzept bekannt. 2000 Stellen sollen eingespart werden. Am 10. September 1987 treffen sich der Krupp-Vorstand und der Betriebsrat des Rheinhauser Werkes. Sie versuchen gemeinsam Maßnahmen zu erarbeiten, die zwar die Verringerung der Arbeitsplätze um 2000 Stellen zulassen, aber dafür die übrigen Standorte der Stahlindustrie sicherstellen und vor allem Ersatzarbeitsplätze schaffen. Was die Mitglieder des Rheinhauser Betriebsrates und dann auch alle Arbeiter bis aufs Blut wütend machen wird, ist die Tatsache, dass der Vorstand, mit dem man sich vertrauensvoll zusammengesetzt hat, bereits ganz andere Pläne in der Tasche hat.

Am 26. November 1987 erfahren der Betriebsrat von Krupp-Rheinhausen und alle Arbeiter aus den Medien, dass „ihr" Werk bis Ende 1988 geschlossen werden soll. Es hat wochenlange geheime Verhandlungen der Vorstände von Krupp-Stahl, den Mannesmann-Röhrenwerken und Thyssen-Stahl gegeben mit dem Ergebnis, dass das Rheinhauser Werk mit seinen 6300 Mitarbeitern geopfert werden soll. Die Rheinhauser Stahlarbeiter können das nicht glauben. Sie ziehen am Morgen des 27. November vor die Hauptverwaltung, um die Entscheidung aus Gerhard Crommes Mund zu erfahren. Doch abgesehen davon, dass sich an der Entscheidung nichts geändert hat, gehen Crommes Worte auch im Lärm der wütenden Arbeiter unter.

Am 30. November gibt es eine außerordentliche Betriebsversammlung mit 10 000 Menschen im Walzwerk. Cromme wird wieder niedergeschrien. Der Rheinhauser Betriebsleiter Helmut Laakmann hält eine flammende Rede: „Glück auf, Kollegen! Herr Dr. Cromme, Sie haben mit uns Verträge gemacht und diese Verträge auf beschämende Weise gebrochen … Da treibt man die Kruppsche Belegschaft zur Arbeit an wie noch nie. Da wird die Belegschaft auf unerträgliche Weise dezimiert. Und dann kommt der Herr Dr. Cromme, nachdem wir alle im Dreieck gesprungen sind und knallt uns den Dolch in den Rücken … Aber wir leben noch, und wir werden uns wehren."

Es beginnt ein Arbeitskampf, wie ihn Rheinhausen noch nicht erlebt hat. Er ist voller Emotionen. Das ist verständlich, denn die meisten Arbeiter bei Krupp sind dort schon in der zweiten oder dritten Generation; Väter und Großväter

Rheinhausen Tor I

haben schon bei Krupp gearbeitet. Nicht nur die Existenz ganzer Familien hängt von dieser Entscheidung ab – es geht um Rheinhausen! Über Nacht gehen Aufgebrachte zu Ortsschildern und streichen mit schwarzer Farbe das „Rhein" von Rheinhausen durch und schreiben „Tot" darüber. An Tor I, dem „Haupteingang" von Krupp, wird eine Mahnwache aufgestellt. Sie ist ständig besetzt und das nicht nur mit Krupp-Arbeitern. Die Pfarrer der Kirchen, Schüler der Rheinhauser Schulen – die ganze Bevölkerung beteiligt sich.

Am 9. Dezember trifft sich der Aufsichtsrat von Krupp in Essen. Rheinhauser Stahlarbeiter stürmen die Villa Hügel. Einen Tag später findet unter Beteiligung von über 100 000 Menschen ein Stahlaktionstag statt. Straßen, Brücken und Autobahnen werden gesperrt. Damit wird der Verkehr lahm gelegt, was Auswirkungen auf das gesamte Ruhrgebiet hat. Am 20. Januar bestreiken Rheinhauser und Dortmunder Stahlarbeiter die Rheinbrücke in Rheinhausen, die ab dem Tag „Brücke der Solidarität" heißt. Die Reihe der Aktionen setzt sich wochenlang weiter fort. Doch obwohl die Betriebsräte am 24. März 1988 noch einmal ein Alternativkonzept überreichen, beschließt der Aufsichtsrat mit einer Stimme Mehrheit gegen die Arbeitnehmervertreter die Schließung der Hütte.

Am 15. August 1993 wird die Produktion von Stahl bei Krupp-Rheinhausen eingestellt. Der Rheinhauser Arbeitskampf gerät nicht in Vergessenheit: Im Mai 2002 führen Schauspieler des Duisburger Kom'ma Theaters unter der Regie von Marcel Cremer das Stück „Die versunkene Stadt" auf.

Touristische Tipps

In Moers beginnt die „Route Industriekultur" zu den Industriedenkmälern von Kohle und Stahl.

Tor I in Rheinhausen

Brücke der Solidarität von Duisburg nach Rheinhausen

Szene aus dem Theaterstück „Die versunkene Stadt", Kom'ma Theater, Duisburg-Rheinhausen

Brücke der Solidarität

Anfahrt

Mit dem Auto: A 57 Abfahrt Nr. 11 Duisburg-Homberg über die Essenberger Straße durch Asterlagen und Hochemmerich bis zum alten Kruppgelände, dann links bis Tor I

Mit öffentlichen Verkehrsmitteln: mit dem Zug von Duisburg Hbf bis Bahnhof Duisburg-Rheinhausen Ost, der direkt am Tor I liegt. Mit den Buslinien 921 oder 924 von Rheinhausen über die „Brücke der Solidarität" nach Duisburg

Nach Friedrich, Voltaire und Churchill kamen Beuys & Co.

1695 kaufte Kurfürst Friedrich III. von Brandenburg Schloss Moyland. Bis zu seinem erneuten Verkauf im Jahr 1767 an den holländischen Bankier van Steengracht nahmen die preußischen Könige gerne die Gelegenheit war, auf ihren Reisen in ihre niederrheinischen Besitzungen in Moyland zu wohnen. Grund dafür mag die ruhige Lage des Schlosses gewesen sein – im Vergleich zur Schwanenburg in Kleve, die von einer Stadt umgeben war. Unter Umständen war das der Grund, weshalb Friedrich der Große im September 1740 Moyland als Aufenthaltsort wählte. Der 11. September dieses Jahres sollte ein ganz besonderer Tag in der Geschichte von Schloss Moyland werden. Friedrich der Große hatte hier ein Treffen mit dem französischen Philosophen Voltaire vereinbart. Bisher kannten sie sich nur aus Briefen. Nun standen sie sich persönlich gegenüber und Friedrich war glücklich, sich endlich mit Voltaire im Gespräch austauschen zu können. Dieser Austausch muss für beide sehr zufrieden stellend gewesen sein, denn Friedrich sprach eine Einladung nach Sanssouci aus, der Voltaire 1750 auch folgte.

Einer der nächsten weltberühmten Besucher kam gute zweihundert Jahre später, als Schloss Moyland in Schutt und Asche lag: Winston Churchill. Zuvor waren am 19. Februar 1945 die Bomben des Zweiten Weltkriegs auch auf Schloss Moyland gefallen. Ein Zeitzeuge berichtet: „Kurz nach Sonnenaufgang begann ein Beschuss, wie wir ihn in dem Ausmaß noch nicht erlebt hatten. Die Spitze des in Richtung Till (Moyland) gelegenen hohen Turmes begann lichterloh zu brennen, und es war unser Glück, dass die brennenden Balken auf die betonierte Plattform des Turmes fielen und das Feuer dadurch keine weitere Nahrung fand. Etwa gegen 10 Uhr wurde das Schloss mit Bomben leichteren Kalibers angegriffen, die erhebliche Zerstörungen anrichteten. Zu allem Überfluss beschoss uns nun auch die deutsche Artillerie … Dann fiel eine Bombe auf das rechte sich dem Schlosshof zuneigende Schieferdach, wodurch Pfannen, Bretter und anderer Schutt auf den Schlosshof hinunterrasselten … Etwas später sah ich auf der anderen Seite des Schlosses den Dachstuhl brennen." Im Keller des Schlosses hatten sich nach seiner Einnahme durch die Alliierten britische Soldaten einquartiert, und am 25. März kam Winston Churchill in Begleitung von General Whistler, dem Kommandeur der 3. britischen Infanteriedivision, zu Besuch.

Ab 1987 zeichnete sich eine Wiederherstellung des beschädigten Schlosses

Schloss Moyland

Schloss Moyland – Haupteingang

Information

Touristinfo Bedburg-Hau, Kalkarer Str. 19, 47551 Bedburg-Hau, Telefon: 02821/66052, Internet: www.bedburg-hau.de

Touristische Tipps

Museum Schloss Moyland, Am Schloss 4, 47551 Bedburg-Hau, Telefon: 02824/95100, Öffnungszeiten: 1. April bis 31. Oktober dienstags bis freitags 10.00 bis 18.00 Uhr, samstags und sonntags 10.00 bis 19.00 Uhr, 1. November bis 31. März dienstags bis sonntags 10.00 bis 17.00 Uhr

Museum Kurhaus in Kleve (u.a. ständige Ausstellung von Werken des Beuys-Lehrers Ewald Mataré), Tiergartenstr. 41, 47533 Kleve

Städtisches Museum Haus Koekkoek in Kleve (überwiegend Werke von Barend Cornelis Koekkoek und seinen Schülern), Kavarinerstraße, 47533 Kleve

ab. Es sollte in Zukunft als Museum für moderne Kunst genutzt werden. Das setzte allerdings voraus, dass das Schloss in seinem äußeren Erscheinungsbild nach den historischen Vorgaben wiederhergestellt werden konnte, das Innere aber den Anforderungen eines Museums gemäß neu gestaltet werden musste. Im Mai 1997 konnte das Museum Schloss Moyland mit der Sammlung van der Grinten eröffnet werden. Größter Anziehungspunkt des Museums sind mit Sicherheit die überaus zahlreichen Werke des Niederrheiners Joseph Beuys.

Die Brüder Hans und Franz Joseph van der Grinten waren 1953 die ersten Sammler, die sich trauten, eine Einzelausstellung der Werke von Joseph Beuys zu machen. Sie sammelten seit 1951 die Werke des Künstlers. Ihre Sammlung ist mittlerweile auf über 4000 Einzelwerke angestiegen. Beuys, der zu den wichtigsten Künstlern der zweiten Hälfte des 20. Jahrhunderts zählt, ist in Krefeld geboren, bei Kleve aufgewachsen und hat in Düsseldorf studiert und gearbeitet. Der Niederrhein mit seiner Landschaft und seinen Menschen ist in seinen künstlerischen Arbeiten immer gegenwärtig geblieben. Neben der großartigen Sammlung von Beuys' Werken beherbergt das Museum von Schloss Moyland auch ein Beuys-Archiv, das mit über 1000 Aktenstücken und einer Beuys-Bibliothek umfassend über die Schaffensperiode von 1967 bis zu Beuys' Tod im Jahr 1986 informiert.

Seit der Eröffnung des Museums Schloss Moyland ist auch kontinuierlich an der Wiederherstellung der alten Gartenanlage gearbeitet worden. Gleichzeitig wurde der Ausstellungsraum des Museums in die Gartenanlage „erweitert". Mittlerweile ist ein Skulpturenpark mit 70 Objekten von Künstlern des 20. Jahrhunderts entstanden.

Skulpturenpark Schloss Moyland

Anfahrt

Mit dem Auto: A 57 bis zur Ausfahrt Nr. 3 Goch, dann den Ausschilderungen „Schloss Moyland" folgen

Mit öffentlichen Verkehrsmitteln: mit dem Bus 44 ab Kleve Bahnhof bzw. Xanten Bahnhof bis Bedburg-Hau

Innenräume des Museums Abteiberg

Joseph-Beuys-Installation: Lagerplatz

Mönchengladbach – St. Vitus und die Kunst im Klostergarten

Durch den spektakulären Museumsbau von Hans Hollein ist es besonders bekannt geworden: das Städtische Museum am Abteiberg in Mönchengladbach. 1972 erhielt Hollein den Auftrag der Stadt für einen Museumsneubau im ehemaligen Klostergarten am Abteiberg. 1976 wurde der erste Spatenstich getan und 1982 folgte die Eröffnung.

Die Sammlung, die heute hier ausgestellt wird, ist eine der wichtigen für internationale Gegenwartskunst in Deutschland. Sie wurde im Jahr 1904 zunächst als lokalhistorische und volkskundliche Institution gegründet. Zum Kunstmuseum wurde sie 1922 durch eine bedeutende Schenkung expressionistischer Kunst. Dieser Bestand fiel der nationalsozialistischen Kulturpolitik zum Opfer. Nach

Museum Abteiberg

dem Zweiten Weltkrieg entstand dann noch einmal eine kleinere Sammlung Klassischer Moderne, die durch eine Schenkung der Heinrich-Nauert-Kollektion bereichert wurde. Seit den 60er Jahren richtet sich die Sammlungstätigkeit auf die Kunst der unmittelbaren Gegenwart.

Im Jahr 1982 erhielt die Städtische Kunstsammlung, die bisher in einem Fabrikantenhaus an der Bismarckstraße untergebracht war, einen schönen und ausgefallenen Museumsbau, der von da an den Namen seines Standortes Abteiberg trug. Vom Fuße des Abteiberges aus erhebt sich eine terrassenförmig ansteigende Garten- und Architekturlandschaft. So wird für den Besucher, der sich vom Parkplatz des Museums aus an den „Aufstieg" macht, die Dreigeschossigkeit des vielschichtigen Gebäudes sichtbar.

Im Innern präsentiert sich das Museum mit Raumfolgen, die beinahe fließend in viele Richtungen und Ebenen führen. Die Kunstsammlung selbst ist inzwischen – u. a. auch durch die Leihgaben der Sammlung Etzold – so umfangreich geworden, dass immer nur Teile zu sehen sind. Einige Räume sind bestimmten Künstlern wie Dieter Roth, Marcel Broodthaers und vor allem auch Joseph Beuys gewidmet.

Das Museum Abteiberg steht im Schatten von St. Vitus – das zu sagen wäre wohl etwas übertrieben. Aber beide Gebäude bilden schon eine bemerkenswerte Nach-

Schloss Rheydt

Information

Stadt Mönchengladbach, Presse- und Informationsamt, Regentenstr. 21, 41050 Mönchengladbach, Telefon: 02161/252400,
Internet: www.moenchengladbach.de

Touristische Tipps

Städtisches Museum Abteiberg, Abteistr. 27, 41061 Mönchengladbach, Telefon: 02161/252659, Öffnungszeiten: dienstags bis sonntags 10.00 bis 18.00 Uhr

Städtisches Museum Schloss Rheydt, 41238 Mönchengladbach, Telefon: 02166/928900, Öffnungszeiten: April bis September dienstags bis sonntags 11.00 bis 19.00 Uhr, Oktober bis März dienstags bis samstags 11.00 bis 16.00 Uhr sonntags 11.00 bis 18.00 Uhr

Kirche St. Vitus

barschaft. Der Westbau der Kirche wurde in den Jahren 1180–1183 errichtet, das dreijochige Langhaus zwischen 1229 und 1239. 1256 rief Abt Dietrich den in seiner Zeit berühmten Architekten Meister Gerhard aus Köln nach Mönchengladbach und übertrug ihm den Bau des Ostchores. Meister Gerhard schuf ein gotisches Meisterwerk, das in seiner Art einzigartig am Niederrhein ist. 1275 wurde die Kirche von Albertus Magnus geweiht.

Im Stadtteil Rheydt ist ein weiteres Mönchengladbacher Kleinod zu finden: das Städtische Museum Schloss Rheydt. Die im späten Mittelalter verrufene Raubritterburg Rheydt wurde zuerst 1180 als Lehen des Kölner Erzbischofs an die Herren von Rheydt erwähnt. Vom 14. bis zum 18. Jahrhundert unterstand die Herrschaft der Lehenshoheit der Grafen von Jülich. 1464 im Krieg zerstört, wurde das auf einer Insel gelegene Wasserschloss nordöstlich vom Zentrum Rheydts im 16. Jahrhundert im Stil der Renaissance neu errichtet. Der damalige Schlossherr Otto von Bylandt engagierte den auch für den Jülicher Hof tätigen Architekten Maximilian Pasqualini. 1917 erwarb die Stadt Rheydt das Gebäude und brachte ein Heimatmuseum darin unter.

Um dieses auch im Zweiten Weltkrieg verschont gebliebene wunderschöne Renaissanceschloss zu beleben, begann man in den frühen 50er Jahren, Kunst und Kunsthandwerk der Renaissance und des Barock im Gedächtnis an die drei Jahrhunderte auf Schloss Rheydt residierenden Herren von Bylandt zusammenzutragen. Seit 1977 sind alle Teile des Museums, auch die stadt- und regionalgeschichtliche Abteilung, der Öffentlichkeit zugänglich.

Anfahrt

Mit dem Auto: A 61 bis zur Abfahrt Nr. 10 Mönchengladbach-West, dann den Wegweisern Innenstadt bzw. Volksgarten und Schloss Rheydt folgen

Mit öffentlichen Verkehrsmitteln: ab Mönchengladbach Hbf S-Bahn bis Abteiberg, Rheydt Bahnhof Buslinie 016 bis Schloss Rheydt

Daten zur Geschichte

1554: Die erleuchtete Monduniversität wird gegründet

1950: Die erleuchtete Monduniversität übernimmt die heutige Narrenmühle

Gloria tibi Dülken oder Karneval einmal anders

Der Karneval ist im Rheinland zu Hause. Die sich nicht zu den Karnevalsfans zählen, denken bei Karneval wahrscheinlich nur an die drei jecken rheinischen Städte Köln, Mainz und Düsseldorf. Wer das tut, unterschätzt den linksniederrheinischen Karneval. In Kleve, Geldern und Krefeld ist man zwischen 1825 und 1842 so richtig jeck geworden, in Dülken zwischen 1850 und 1870. In Uedem, Straelen, Kempen, Willich, Gladbach und Pesch ging die Narretei zwischen 1871 und 1914 so richtig los – in dieser zuletzt genannten Gruppe sind noch nicht einmal alle dazugehörenden Städte und Gemeinden aufgeführt. Nun ja, Köln war schon ab 1823 dabei, aber dennoch muss man über die Zahl der aktiven Karnevalsvereine erstaunt sein, von der Zahl ihrer Mitglieder einmal ganz zu schweigen.

Dülkener Narrenmühle

Information

Stadt Viersen, Referat für Wirtschaftsförderung, Rathausgasse 14, 41747 Viersen, Telefon: 02162/101246, Internet: www.viersen.de

Touristische Tipps

Dülkener Narrenmuseum, Narrenakademie, Rheindahlener Straße, 41751 Viersen, Telefon: 02161/55193 oder 55960

Dabei hatte es der Karneval am Niederrhein im Laufe der Geschichte gar nicht so einfach. Im 18. Jahrhundert kamen die Maskenbälle auf und auch das Tragen von Masken außerhalb der Bälle wurde erlaubt. Doch dieses Vergnügen dauerte nur so lange, bis Napoleon am Rhein erschien und ganz bierernst den Narren erst mal ihren Karneval verbot. 1801 wurde das Verbot gelockert: Wenn sie bestimmte Bedingungen einhielten, durften die Kölner zumindest schon einmal ihren Straßenkarneval wieder feiern. Die Preußen waren nicht besser als Napoleon – zumindest in punkto Karneval. Merkwürdigerweise erließen sie 1828 ein Verbot des Karnevals in kleineren Städten und auf dem Lande. In diesen politisch unruhigen Zeiten hätte man wohl eher ein solches Verbot für die großen Städte vermutet, wo mehr Menschen zu mobilisieren waren. Trotz aller Verbote: Der Karneval war nicht mehr aufzuhalten. Auch das Dritte Reich konnte ihm nicht wirklich etwas anhaben. Er setzte sich besonders in überwiegend katholischen Gebieten durch.

Im schönen Städtchen Dülken, das heute zu Viersen gehört, steht die Dülkener Narrenmühle. Ursprünglich war sie die Holtz'sche Kornwindmühle, die als Hochwindmühle 1556 errichtet und seit dem 18. Jahrhundert von der Familie Holtz gepachtet wurde. Über die Familie Holtz führt auch der geschichtliche Weg zu der alten Dülkener Narrenmühle. Bis 1800 war die Tränkenmühle im Norden der Stadt das Wahrzeichen der Dülkener Narren. Diese Mühle war von einem anderen Mitglied der Familie Holtz gepachtet. Die Tränkenmühle fiel im Jahr 1800 einem Unwetter und Brand zum Opfer.

Für die Zeit danach herrscht in den vorhandenen Quellen zur Geschichte der zweiten Narrenmühle keine Übereinstimmung. Vermutlich wurde sie 1809 errichtet und 1906 stillgelegt. 1950 wurde sie von der Dülkener Narrenakademie übernommen, die im unteren Teil ein Museum eingerichtet hat und im oberen Teil, im so genannten Weisheitssaal, ihre Sitzungen abhält. Im Museum ist neben anderen närrischen Kostbarkeiten ein Stück Mondgestein zu sehen – ein Präsent des amerikanischen Astronauten Neil Armstrong. Den ersten Mann auf dem Mond machte die Narrenakademie nur zu gerne zum Ehrenmitglied, da der Mond das Symbol für eines ihrer elf Geheimnisse ist.

Die Narrenakademie nennt sich offiziell „Berittene Akademie der Künste und Wissenschaften, die erleuchtete Monduniversität". In einer nicht unbedingt ganz sicheren Quelle wird behauptet, Alef von Kleve hätte auf dem von König Sigismund abgehaltenen Konstanzer Konzil (1414–1418) verkündet: „Nun wollen die Bürger unserer getreuen Stadt Dülken des Narrentums nicht länger ledig gehen und eine bürgerliche Akademie gründen." Abgesehen davon, dass es bei dem Konzil zu Konstanz um „die Erneuerung der Kirche an Haupt und Gliedern" ging, gibt die Narrenakademie ihr Gründungsdatum mit dem 21. Februar 1554 an. Damals wollten sie wohl die Lehrer der Lateinschule mit ihren Narreteien verulken. Am Anfang des 19. Jahrhunderts bekam die erleuchtete Monduniversität neue Impulse. Sogar der Geheimrat Johann Wolfgang von Goethe wurde zum „Ritter des jungen Lichts 1. Größe des Windmühlenordens mit zwei Flügeln, Doktor der erleuchteten Monduniversität" erkoren. Sein Diplom hat man angeblich nach seinem Tod zwischen seinen nachgelassenen Papieren gefunden.

1830 wurde die Akademie aufgelöst und 1937 wieder ins Leben gerufen. Wer sie heute „in Aktion" sehen will, muss am 11. November nach Dülken kommen: zum historischen Steckenpferdritt um die Narrenmühle. Erster in der Reiterschar ist der Oberbürgermeister, dem der „Rector magnificus der erleuchteten Monduniversität" folgt.

Gloria tibi Dülken

1.
Dülken, meine Vaterstadt,
Des Rheinlands Edelstein,
Es preist die Chronik Blatt für Blatt
Dich, Stadt der Narretein!
Gleichviel wo fern in fremdem Land
Sich deine Kinder seh'n,
Sie reichen herzlich sich die Hand,
Wenn sie beisammen stehn.
Und wie in alter Zeit,
So rufen sie noch heute:
Gloria, Gloria, Gloria tibi Dülken!
Gloria, Gloria, Gloria tibi Dülken!

2.
Die Dülkener, die aus gutem Holz,
Die waren ohne Frag'
Auf unsere Vaterstadt sehr stolz
Bis auf den heutigen Tag.
Die Mühle und das Steckenpferd,
die allen wohlvertraut,
Sind uns noch heute lieb und wert,
drum jubeln wir auch laut.
Selbst in der Wiege klein,
Hört man die Babies schrein:
Gloria, Gloria, Gloria tibi Dülken!
Gloria, Gloria, Gloria tibi Dülken!

3.
Wir lieben sehr das Possenspiel
Voll weiser Phantasie,
Das junge Licht, die alte Mühl',
Die Mond-Akademie.
All' das ist unser Eigentum,
Und naht die Faschingszeit,
Dann strömt herbei zu Dülkens Ruhm,
Das Volk von nah und weit.
Dann singt die Bürgerschaft
Den Hymnus voller Kraft:
Gloria, Gloria, Gloria tibi Dülken!
Gloria, Gloria, Gloria tibi Dülken!

Text und Musik von Heinz Luhnen
(1932)

Anfahrt

Mit dem Auto: A 61 bis zur Abfahrt Nr. 7 Viersen, dann den Hinweisschildern nach Dülken folgen

Maas-Schwalm-Nette – eine Naturlandschaft mit historischem Ambiente

Im südwestlichen Niederrhein, entlang der Grenze zu den Niederlanden, breitet sich der Naturpark Maas-Schwalm-Nette aus. Wälder, Seen und Wiesen bestimmen sein Gesicht. Die Nähe zu den großen Städten Düsseldorf und Aachen macht ihn zu einem beliebten Naherholungsziel. Das Fuß- und Radwandernetz ist gut ausgebaut und beschildert. Auch Skater kommen hier auf ihre Kosten. Naturfreunde finden eine Fülle an außergewöhnlichen Tieren und Pflanzen. Landgasthöfe und Ausflugslokale sind reichlich vorhanden. Der historisch Interessierte findet hier einige der schönsten Schlösser des Niederrheins. Was hält da noch von einem Sonntags- oder gar Wochenendausflug ab?

Das Elmpter Schwalmbruch ist ein etwa 65 Hektar großes Gebiet, der „Rest" der einst großflächigen Moore der Schwalm. 1941 wurde es unter Naturschutz gestellt. Hier finden sich Gagelmoore, Bruchwälder und etwa vier Hektar Wachholderheide – die letzte am Niederrhein. Die teilweise unberührte Natur kann zu Fuß oder mit dem Rad auf drei markierten Wegen erforscht werden. Zunächst sollte man aber den Aussichtsturm besteigen, von dem man weit über die Heide- und Moorflächen bis zu den Schwalmauen blicken kann. Naturliebhabern öffnet sich hier ein Eldorado: Im Frühjahr zeigen die quakenden Frösche an, das Laichzeit ist. In den Moorbereichen ist die Pflanze zu finden, der Charles Darwin 1875 ihr Geheimnis entlockt hat: der Fleisch fressende Sonnentau. Noch 2001 wurden hier 37 Libellenarten nachgewiesen, unter anderem die vom Aussterben bedrohte Arktische Smaragdlibelle.

Das Naturschutzgebiet Krickenbecker Seen ist nicht minder interessant. Auch

Schloss Krickenbeck

Burg Brüggen

hier sind Wanderungen und Fahrradtouren möglich. Es werden auch ornithologische Führungen angeboten, auf denen die vielfältige Vogelwelt zu entdecken ist. Geheimnisvolle Nachtwanderungen führen zu den Wohnstätten der Fledermäuse oder auf die Spuren des nachtaktiven Ziegenmelkers.

Schloss Krickenbeck, das inmitten des gleichnamigen Seengebietes liegt, ist eines der schönsten Wasserschlösser des Niederrheins. Mitte des 13. Jahrhunderts entstand der Vorgängerbau der heutigen Burg. Bis 1430 saßen hier die Grafen von Krickenbeck. Nach mehrmaligem Besitzerwechsel gelangte das Schloss 1623 an die späteren Reichsgrafen von Schaesberg, die es 1856 von dem bekannten Kölner Dombaumeister Vincenz Statz umbauen ließen. Der Wiederaufbau des Schlosses ist der WestLB zu verdanken, die es um 1990 erwarb, vor dem Verfall rettete und zum Ausbildungszentrum umbaute. Für Besucher ist das Schloss einmal im Jahr am „Tag des offenen Denkmals" zugänglich.

Der mittelalterlichen Burg Brüggen sollte man nicht nur des Bauwerkes wegen einen Besuch abstatten. Sie beherbergt auch ein Jagd- und Naturkundemuseum, in dem ausgestorbene und noch existierende Tierarten gezeigt werden. Die Burg selbst ist eine der größten Wasserburgen am Niederrhein, auch wenn sie nur noch teilweise erhalten ist. Sie gehört zu den so genannten Kastellburgen – das sind Burgen mit einem quadratischen Grundriss. Von der Burg Brüggen sind nur noch der Wohnbau mit dem südwestlichen Eckturm und das Burgtor erhalten geblieben. Im 18. und 19. Jahrhundert verfiel die einst so stattliche Burg und Abbrüche taten das ihre dazu.

Vollständig erhalten ist dagegen die Dorenburg bei Grefrath, ein Rittersitz aus dem 14. Jahrhundert, der im Jahr 1630 barock umgebaut wurde. Mit ihrem strahlend weißen Gemäuer bildet sie einen schönen Kontrast zu dem nach überlieferter Tradition angelegten Bauerngarten mit seinen klassischen Buchsbaumeinfassungen. Die Dorenburg liegt inmitten des gleichnamigen Freilichtmuseums, das sich der bäuerlichen und handwerklichen Wohn- und Arbeitskultur des Niederrheins widmet.

Touristische Tipps

Informationszentrum Haus Püllen (Zentrale Informationsstelle für den Naturpark Maas-Schwalm-Nette), Feldstr. 35, 47669 Wachtendonk, Telefon: 02836/919900, Öffnungszeiten: dienstags bis sonntags 9.00 bis 12.30 Uhr und 13.00 bis 17.00 Uhr

Infozentrum Krickenbecker Seen, Krickenbecker Allee 36, 41334 Nettetal, Telefon: 02153/912909, Öffnungszeiten: donnerstags bis sonntags 12.00 bis 18.00 Uhr

Stadtwerke in Nettetal (Besichtigung der Sequioa-Farm im Kaldenkirchener Grenzwald), Buschstr. 98, 41334 Nettetal, Telefon: 02157/12050

Jagd- und Naturkundemuseum Burg Brüggen, 41379 Brüggen, Telefon: 02136/5270, Öffnungszeiten: dienstags bis freitags 10.00 bis 12.00 Uhr und 14.00 bis 17.00 Uhr; samstags und sonntags 10.00 bis 17.00 Uhr

Vergleichbares in der Region

Bislicher Insel bei Xanten – eine beliebte Überwinterungsstelle nordischer Zugvögel

Schloss Moyland in Bedburg-Hau
(siehe Seite 70)

Dorenburg

Anfahrt

Mit dem Auto: von Düsseldorf aus über die A 52, von Aachen aus über die A 44, aus dem Ruhrgebiet über die A 3 und A 44, vom nördlichen Niederrhein A 57 und A 44

Zeittafel

250 000 – 28 000 v. Chr. Neandertaler in weiten Teilen Europas und Vorderasiens

150 000 v. Chr. Entwicklung des Homo Sapiens Sapiens

Ab 51 v. Chr. Eroberung Galliens durch Caesar

44 v. Chr. Ermordung Caesars

Um 15 v. Chr. Gründung des römischen Militärlagers Castra Vetera I auf dem Fürstenberg bei Xanten

Um 16 v. Chr. Die Römer errichten ein Legionslager in Neuss-Gnadenthal

12 – 9 v. Chr. Die Römer erobern die Gebiete zwischen Rhein und Elbe

9 n. Chr. Sieg der Cherusker über die Legionen des Varus im Teutoburger Wald

43 n. Chr. Die Römer errichten in Neuss das so genannte Koenen-Lager

70 n. Chr. Zerstörung des Castra Vetera I durch die Bataver; Bau des Castra Vetera II im Bereich der Bislicher Insel

98 – 117 n. Chr. Unter dem römischen Adoptivkaiser Trajan erreicht das Römische Reich seine größte Ausdehnung

105 n. Chr. Kaiser Trajan verleiht der Siedlung Ulpia Traiana den Titel einer Colonia

117 – 131 n. Chr. Kaiser Hadrian sichert die Reichsgrenzen durch den Limes

275 n. Chr. Germanische Stämme erobern die Colonia Ulpia Traiana

355 n. Chr. Einfall der Alemannen in Gallien

395 n. Chr. Nach der Teilung des Römischen Reiches werden die Truppen der Römer nach und nach vom Rhein abgezogen

486 n. Chr. Eroberung des letzten römischen Teils Galliens durch den Merowingerkönig Chlodwig

497 Taufe Chlodwigs in Reims

511 Erbteilung des Frankenreiches unter Chlodwigs Söhnen

613 Vereinigung des Reiches unter Chlothar II.

639 Zunehmende Entmachtung der Merowingerkönige durch ihre Hausmeier

687 Einigung des Reiches unter dem austrischen Hausmeier Pippin II.

719 Bonifatius beginnt mit der germanischen Mission

732 Hausmeier Karl Martell besiegt die Araber bei Poitiers

774 Karl der Große erobert das Langobardenreich in Norditalien

800 Karl der Große wird von Papst Leo III. in Rom zum Kaiser gekrönt

843 Vertrag von Verdun: Dreiteilung des Frankenreiches

877 Neuss wird königliche Zollstätte

936 Erstmals Krönung eines deutschen Königs (Otto I.) in Aachen

962 Kaiserkrönung Ottos I. in Rom – Beginn des „Heiligen Römischen Reiches Deutscher Nation"

1030 Beginn des Dombaus zu Speyer

1096 Erste Judenverfolgungen im Rheinland bei Beginn des ersten Kreuzzuges

1100 Entstehung der Scholastik

1120 Norbert von Xanten gründet den Prämonstatenserorden

1122 Wormser Konkordat: Kompromiss zwischen Kaiser und Papst über Investiturfrage

1123 Mit Kloster Kamp wird die erste Zisterzienserabtei auf deutschem Boden gegründet

1128 Einweihung des Domes St. Viktor in Xanten

1155 Kaiserkrönung Friedrich I. Barbarossa

1230 Vollendung des Baus der St.-Quirinus-Kirche in Neuss (Grundsteinlegung 1209)

1242 Kleve erhält die Stadtrechte

1248 Mit der Grundsteinlegung beginnt der Dombau zu Köln

1254 Rheinischer Städtebund (u. a. Neuss tritt 1255 bei)

1263 Grundsteinlegung des Domes St. Viktor in Xanten

1288 Die Schlacht bei Worringen beendet die Vormachtstellung der Kölner Erzbischöfe

1294 Verleihung der Stadtrechte an Kempen

1337 – 1453 Hundertjähriger Krieg zwischen England und Frankreich

1348 – 1350 Ausbruch der Pest und Beginn einer erneuten Judenverfolgung

1372 Der Kölner Erzbischof verlegt seine Zollstelle nach Zons und verleiht der Feste im Jahr darauf die Stadtrechte

1379/80 Thomas von Kempen wird geboren

1400 Die Hanse – auch die niederrheinischen Städte Emmerich, Duisburg und Wesel treten dem mächtigen Wirtschaftsbund bei

1409 Bau der Kirche St. Nicolai in Kalkar (bis 1450)

1434 Die vier berühmten Bücher „De Imitatione Christi" des Thomas von Kempen werden erstmals ins Deutsche übersetzt

1447 Karl der Kühne belagert die Stadt Neuss

1448 Fertigstellung des Klever Schwanenturms

1455 Erscheinen der Gutenberg-Bibel

1492 Entdeckung Amerikas durch Kolumbus

1512 Gerhard Mercator wird in Rupelmonde an der Schelde geboren

1517 Martin Luther verfasst die 95 Thesen

1552 Gerhard Mercator flüchtet aus Glaubensgründen mit seiner Familie nach Duisburg

1555 Augsburger Religionsfriede

1569 Mercators berühmte Weltkarte „ad usum navigantium" erscheint

1585 Truchsessischer Krieg u. a. Zerstörung der Zisterzienserabtei Kamp

1586 Martin Schenk von Nideggen erbaut die Festung Schenkenschanz

1618 – 1648 Dreißigjähriger Krieg

1621 Der nördliche Niederrhein gelangt im Laufe des Dreißigjährigen Krieges in den Besitz Spaniens

1626 Beginn des Baus der Fossa Eugeniana (1629 Einstellung der Bauarbeiten)

1633 Die Niederländer erobern Rheinberg

1635 Kroatentruppen General Piccolominis überfallen Kevelaer

1641 Nach einer Erscheinung baut Hendrick Busman das erste Heiligenhäuschen in Kevelaer

1646 Luise Henriette von Oranien heiratet den Kurfürsten von Brandenburg

1647 Johann Moritz wird brandenburgischer Statthalter in Kleve

1648 Westfälischer Friede

1661 – 1715 Ludwig XIV. und der Höhepunkt des Absolutismus in Frankreich

1672 Ludwig XIV. erobert Schenkenschanz

1679 Der große Kurfürst lässt Schenkenschanz schleifen

Johann Wilhelm II. von Pfalz-Neuburg, genannt „Jan Wellem", übernimmt die Regentschaft in Düsseldorf

1680 – 1730 Die Preußen bauen Wesel zur Festung aus

1690 Der Kaiser ernennt Johann Wilhelm II. zum Kurfürsten

1691 Friedrich III. von Brandenburg, der später als Friedrich I. erster König von Preußen wird, trifft in Emmerich zum ersten Mal Katharina Rickers, das „schöne Käthchen".

1701 Kurfürst Friedrich III. von Brandenburg wird König von Preußen

1713 Friedrich I. von Preußen stirbt

1731 Die Krefelder Firma Friedrich und Heinrich von der Leyen wird gegründet

1740 – 1788 Mit Friedrich dem Großen von Preußen beginnt der so genannte aufgeklärte Absolutismus

1775 James Watt erfindet die Dampfmaschine

1776 Der Rheinzoll bei Zons wird aufgehoben

1785 Edmund Cartwright erfindet den mechanischen Webstuhl

1789 Sturm auf die Bastille

1794 – 1814 Neuss unter französischer Besatzung

1794 Der Familiensitz der Krefelder Seidenweberfamilie von der Leyen wird fertig gestellt

1802 Unter französischer Besatzung wird u. a. die Zisterzienserabtei Kamp aufgehoben

1806 Preußen unterliegt Napoleon bei Jena und Auerstädt

1808 Wesel wird dem französischen Reich einverleibt

1809 Major von Schill fällt im Kampf gegen Napoleon – elf seiner Offiziere werden in Wesel hingerichtet

1813 Völkerschlacht bei Leipzig

1814 Wiener Kongress

1816 Die „Prinz von Oranien" (erstes Dampfschiff auf dem Rhein) fährt von Rotterdam nach Köln

1829 Die „Hercules" ist der erste Schleppdampfer auf dem Rhein

1831 Eröffnung des Rheinkanals bei Duisburg

1835 Erste deutsche Eisenbahn von Nürnberg nach Fürth

1844 Eröffnung des Ruhrkanals

1846 Hubert Underberg erfindet den berühmten Magenbitter und gründet seine Firma

1848 Nationalversammlung in der Paulskirche

1851 Bei Probebohrungen im linksrheinischen Homberg stößt man auf Steinkohle

1858 Die Marienbasilika in Kevelaer wird gebaut

1862 Bismarck wird preußischer Ministerpräsident

1867 Fritz Thyssen ruft die Bergwerksgesellschaft „Deutscher Kaiser" ins Leben

1897 Friedrich Alfred Krupp nimmt seine ersten beiden Hochöfen in Rheinhausen in Betrieb

1900 Der Aalschokker wird zum Fischfang auf dem Rhein eingesetzt

1904 Kaiser Wilhelm II. stiftet den Moersern das Denkmal der Prinzessin Luise Henriette

1905 Gründung der Interessen- und Betriebsgemeinschaft Duisburger Häfen

1910 In den Kruppschen Gussstahlwerken in Essen wird mit dem Bau der „Dicken Bertha" begonnen

1914 – 1918 Erster Weltkrieg

1923 Walther Klein sät den ersten Spargelsamen in Walbeck aus

1933 Hitler wird Reichskanzler

1935 Nürnberger Gesetze – Entrechtung der Juden

1938 Reichskristallnacht

1939 Hitlers Truppen marschieren in Polen ein

1940 Deutscher Angriff auf die Benelux-Länder und Frankreich

1941 Deutscher Angriff auf die Sowjetunion

1942 Wannsee-Konferenz zur „Endlösung" – Holocaust

1944 Invasion der Alliierten in der Normandie

1945 Die Alliierten stehen zum Angriff auf den Reichswald bereit

Zur Vorbereitung auf die Bodenoffensive bombardieren alliierte Flugzeuge Kleve, Goch, Kalkar und Weeze

Goch wird von alliierten Bombern zu 80 Prozent zerstört

Die Alliierten fliegen schwerste Bombenangriffe auf Xanten

9. Mai 1945: Deutsche Kapitulation

Professor Walter Bader beginnt mit den Aufräumarbeiten am Xantener Dom

1949 Gründung der Bundesrepublik Deutschland

1957 Gründung der Europäischen Wirtschaftsgemeinschaft

1961 Bau der Berliner Mauer

1966 Wirtschaftskrise – 600 000 Arbeitslose

1977 Höhepunkt der Terrorwelle durch die RAF

Schloss Rheydt und seine Kunstschätze werden der Öffentlichkeit zugänglich gemacht

1982 Eröffnung des Städtischen Museums Abteiberg

1987 Der Krupp-Konzern gibt die Schließung des Hüttenwerks Rheinhausen bekannt

Der Arbeitskampf der Kruppschen Arbeiter beginnt

Schloss Moyland soll als Museum für moderne Kunst wieder aufgebaut werden

1988 Der Betriebsrat von Krupp-Rheinhausen legt ein Alternativkonzept für die Erhaltung des Werkes vor

1990 Wiedervereinigung des geteilten Deutschland

1993 Die Produktion von Stahl bei Krupp-Rheinhausen wird eingestellt

1997 Eröffnung des Museums Schloss Moyland mit der Sammlung van der Grinten

1999 Die Neugestaltung des Duisburger Innenhafens wird ausgeschrieben

Literaturhinweise

Bosch, Heinz: Der Zweite Weltkrieg zwischen Rhein und Maas. Kreis Geldern, 1970

Elbin, Günther: Am Niederrhein. Prestel-Verlag München, 1979

Hantsche, Irmgard: Atlas zur Geschichte des Niederrheins. Pomp Verlag Essen, 1999

Heck, Karl (Hrsg.): Es geht eine alte Sage ... Heimatverlag Heinrich Peitsch Wesel, 1967

Hermann, Wilhelm und Gertrude: Die alten Zechen an der Ruhr. Verlag Langewiesche Nachfolger Königstein, 1981

Hirschberg, Dr. E.: Kurfürstin Louise Henriette. Festschrift zur Einweihung des von Sr. Maj. Kaiser Wilhelm II. gestifteten Denkmals der Kurfürstin Louise Henriette. Verlag August Steiger Moers

Janssen, Heinrich und Grote, Udo: Zwei Jahrtausende Geschichte der Kirche am Niederrhein. Dialogverlag Münster, 1998

Kalender für das Klever Land. Boss Verlag Kleve

Knoll, Gabriele M.: Der Niederrhein. DuMont Verlag Köln, 1999

Krämer, Karl Emerich: Die stummen Zeugen. Mercator Verlag Duisburg, 1971

Kreis Wesel Jahrbuch. Mercator Verlag Duisburg

Prieur, Jutta (Hrsg.): Geschichte der Stadt Wesel 1. Schwann/Patmos Verlag Düsseldorf, 1991

Purpar, Rolf: Reiseführer Niederrhein. 2. Aufl. Grupello Verlag Düsseldorf, 1997

Reinders, Clemens: Der Mann, der Manhattan kaufte. Mercator Verlag Duisburg, 2000

Saring, Toni: Luise Henriette von Oranien. Die Gemahlin des Großen Kurfürsten. Deuerlichsche Verlagsbuchhandlung Göttingen, 1941

Schmitz, Ralf W. und Thissen, Jürgen: Neandertal – Die Geschichte geht weiter. Spektrum Akademischer Verlag Heidelberg/Berlin, 2000

Wittrup, Aloys: Aus Rheinbergs vergangenen Tagen. Verlag Michael Schiffer Rheinberg, 1948

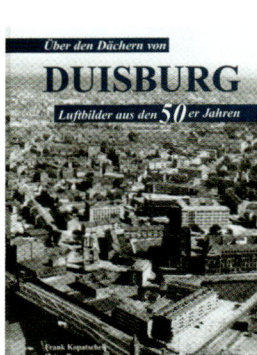